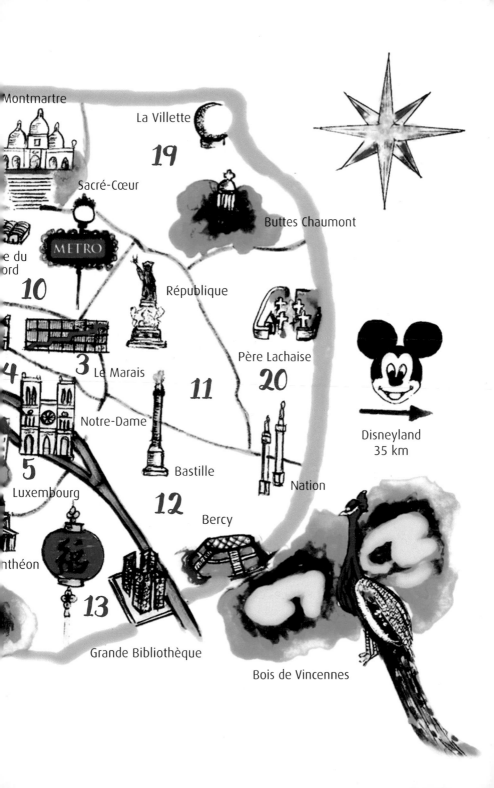

Édition : Liette Mercier
Design graphique : Josée Amyotte
Infographie : Chantal Landry
Traitement des images : Johanne Lemay
Cartes des arrondissements de Paris :
 © www.comersis.com - cartographie et goématique
Infographie des cartes : Maryse Doray
Correction : Caroline Hugny et Joëlle Bouchard

Photographies : Judith Ritchie sauf les raisons suivantes :
94 et 275 : Marie Forestier, 295 à 298 : Guillaume Fin
Illustrations : Gigi Mind

Catalogage avant publication de Bibliothèque et Archives
nationales du Québec et Bibliothèque et Archives Canada

Ritchie, Judith

    300 raisons d'aimer Paris

    ISBN  978-2-7619-4533-2

    1. Paris (France) - Guides.  I. Titre.  II. Titre : Trois cents
raisons d'aimer Paris.

DC708.R57 2016     914.4'36048412     C2016-941584-8

DISTRIBUTEURS EXCLUSIFS :
Pour le Canada et les États-Unis :
MESSAGERIES ADP inc.*
Longueuil, Québec J4G 1G4
Téléphone : 450-640-1237
Internet : www.messageries-adp.com
* filiale du Groupe Sogides inc.,
   filiale de Québecor Média inc.

Pour la France et les autres pays :
INTERFORUM editis
Téléphone : 33 (0) 1 49 59 11 56/91
Service commandes France Métropolitaine
Téléphone : 33 (0) 2 38 32 71 00
Internet : www.interforum.fr
Service commandes Export – DOM-TOM
Internet : www.interforum.fr
Courriel : cdes-export@interforum.fr

Pour la Suisse :
INTERFORUM editis SUISSE
Téléphone : 41 (0) 26 460 80 60
Internet : www.interforumsuisse.ch
Courriel : office@interforumsuisse.ch
Distributeur : OLF S.A.
Commandes :
Téléphone : 41 (0) 26 467 53 33
Internet : www.olf.ch
Courriel : information@olf.ch

Pour la Belgique et le Luxembourg :
INTERFORUM BENELUX S.A.
Téléphone : 32 (0) 10 42 03 20
Internet : www.interforum.be
Courriel : info@interforum.be

Imprimé au Canada

11-16

© 2016, Les Éditions de l'Homme,
division du Groupe Sogides inc.,
filiale de Québecor Média inc.
(Montréal, Québec)

Tous droits réservés

Dépôt légal : 2016
Bibliothèque et Archives nationales du Québec
ISBN 978-2-7619-4533-2

Gouvernement du Québec – Programme de crédit
d'impôt pour l'édition de livres – Gestion SODEC –
www.sodec.gouv.qc.ca

L'Éditeur bénéficie du soutien de la Société de
développement des entreprises culturelles du Québec
pour son programme d'édition.

Conseil des Arts     Canada Council
du Canada            for the Arts

Nous remercions le Conseil des Arts du Canada de l'aide
accordée à notre programme de publication.

Financé par le gouvernement du Canada
Funded by the Government of Canada          | Canadä

Nous reconnaissons l'aide financière du gouvernement
du Canada par l'entremise du Fonds du livre du Canada
pour nos activités d'édition.

JUDITH RITCHIE

# 300

## raisons d'aimer

# Paris

# Table des matières

# Préface

Je suis très heureuse de vous présenter *300 raisons d'aimer Paris,* le deuxième volume de la collection que j'ai inaugurée avec *300 raisons d'aimer New York.* J'étais loin de me douter, quand je me suis lancée dans l'écriture de mon premier livre, qu'il allait donner naissance à une collection et que la Ville Lumière serait la seconde destination. C'est un heureux hasard, parce que, avant de déménager à New York, j'ai habité Paris pendant près de deux ans. Une ville magnifique, fascinante, mais que j'ai trouvée intimidante et où je ne me suis jamais vraiment sentie chez moi. Chaque jour venait avec son lot de mésaventures, car je ne connaissais pas les codes. Paris peut être une ville extrêmement fermée quand on ne connaît pas les bonnes personnes. Bref, mon expérience est à l'opposé de celle de Judith Ritchie à qui la ville va comme un gant. Comme j'aurais aimé l'avoir pour guide...

J'admire sa détermination. En 2009, la journaliste s'est donné comme défi de partir vivre à Paris. Un an plus tard, elle arrivait à Charles-de-Gaulle avec ses trois valises, sans plan précis. Deux mois plus tard, elle décrochait un boulot au magazine *L'Officiel de la Mode et de la Couture,* le prestigieux poste de rédactrice en chef beauté. Les portes de la ville se sont ouvertes. «Je me suis retrouvée soudainement dans un poste d'influence, je devais être au-delà des tendances, mais à l'intérieur de moi, je me sentais plutôt comme une apprentie Parisienne. J'ai eu trois mois pour faire mes preuves», dit-elle.

Judith a plongé dans le tourbillon parisien, s'est tissé un impressionnant réseau de relations et a accumulé dans son carnet des centaines de bonnes adresses qu'elle accepte aujourd'hui de partager avec nous. Quelle chance! Grande amoureuse de Paris, elle connaît ses rues par cœur. Elle aime le raffinement de la ville, l'élégance des femmes de tout âge dans la rue, la courtoisie des gens, le souci de la qualité dans tout, les marchands spécialisés et l'art du savoir-vivre parisien.

Quand on voyage, on est attiré par les monuments et les lieux touristiques, mais on veut ensuite aller plus loin et découvrir les secrets des habitants. À Paris, on veut faire comme les Parisiens. Dans ce guide personnalisé, Judith nous dit comment faire. Le Paris qu'elle nous fait découvrir est lumineux, tout en couleurs. Elle nous dépeint une ville qui se laisse influencer par les tendances mondiales, mais qui reste très traditionnelle.

Des petites boutiques indépendantes où trouver l'objet rare, en passant par les cantines des Parisiens et les restaurants gastronomiques, elle nous emmène dans les quartiers émergents, sur les plus beaux ponts, dans les rues les plus charmantes, hors des sentiers battus. Voilà un livre qui plaira tant aux Parisiens qui veulent redécouvrir leur ville qu'à la jeunesse branchée et à tous ceux qui veulent découvrir Paris autrement.

**Marie-Joëlle Parent**
*Auteur de 300 raisons d'aimer New York
et de 300 raisons d'aimer San Francisco*

# Mon Paris

Mon métier de journaliste m'a fait découvrir Paris pour la première fois en 2004, à l'occasion d'un lancement de parfum pour la marque Guerlain. Contrairement à ce qu'on pourrait imaginer, je ne suis pas tombée sous le charme au premier jour. Je ne comprenais pas la ville, ses rues en étoiles, son rythme effréné, sa chaleureuse indifférence. J'y suis retournée plusieurs fois, toujours pour le travail. Des petits séjours idylliques mais toujours « touristiques ». Je gravitais autour de Paris sans jamais percer le mystère de sa lumière. Ce n'est qu'en 2007, lorsque j'ai rencontré Romano Ricci, arrière-petit-fils de Nina Ricci et parfumeur créateur de *Juliette Has A Gun,* qui devint mon ami, que j'ai découvert un autre Paris. Ce Paris de l'intérieur réservé à une poignée d'initiés. Que faisaient donc les Parisiens le matin, le midi, le soir, la nuit? Quels étaient leurs vrais repères, leurs habitudes, leurs secrets bien gardés? Cette « initiation » fut pour moi l'élément déclencheur. Le premier battement de cœur d'une longue histoire d'amour avec la Ville Lumière.

J'ai quitté Montréal pour Paris en 2009, le jour de mes 29 ans, après un contrat au *ELLE Québec* en tant que rédactrice en chef Beauté. Trois valises et des rêves plein la tête. Un CV béton en poche. Me fallait-il autre chose? J'avais Paris. Paris, mon amour!

J'ai décroché le poste de rédactrice en chef Beauté du magazine *L'Officiel de la Mode et de la Couture.* Une chance inouïe. J'ai occupé ces fonctions pendant cinq ans en plus de travailler en tant que blogueuse pour le magazine *Be* et à l'émission *Mon Bien-Être* diffusée sur Direct 8. Au cours de cette expérience professionnelle, je suis devenue plus parisienne qu'une Parisienne. Comprenez: je devais non seulement connaître les essentiels et les valeurs sûres, mais aussi m'élever au-dessus du lot et dénicher les tendances dans une ville en pleine effervescence.

Bouillon, émoi, fébrilité, agitation: Paris est un concentré de créativité, de style, de jeux de mots, d'esprit, de séduction, de folie, de relations aussi. Si les Parisiens savent faire la fête, discuter, socialiser, s'émanciper, provoquer et charmer, ils savent aussi se réinventer. La preuve, les arrondissements de la ville sont en pleine mutation. Il y a le cœur, certes, avec ses monuments fabuleux, ses rues piétonnes authentiques, le Louvre, le Grand Palais, les Quais de Seine, Notre-Dame-de-Paris, autant d'incontournables qui font la magie de Paris. Mais lorsqu'on creuse un peu plus et qu'on s'intéresse au Paris de demain, notre regard éveillé nous guide vers d'autres quartiers, tels les 13e, 19e et 20e arrondissements, peut-être moins sexy d'emblée, mais ô combien dynamiques, et qui accueillent les bobos excentriques qui prônent une liberté de pensée. Le Grand Paris, dirons-nous. Qui puise son équilibre au cœur de la richesse de son métissage social et de ses marchés cosmopolites.

Que vous soyez néophyte, apprenti Parisien ou fin connaisseur, vous trouverez dans ce guide, mon *best of* de Paris, beaucoup de restaurants, car à Paris, on est *foodie*! Des balades, aussi, et des amis.

Sans plus tarder, voici donc mes 300 raisons d'aimer Paris. Pas assez? Beaucoup? Trop? À vous de juger. Et d'écrire, à votre tour, vos propres raisons d'aimer Paris.

# Mes « TOPS »

**NÉO-BISTROS**
Racines (2) [39 rue de l'Arbre-Sec, 1er] **RAISON 22**
SŌMA [3 rue de Saintonge, 3e] **RAISON 49**
L'Avant Comptoir [9 carrefour de l'Odéon, 6e] **RAISON 107**
Freddy's [54 rue de Seine, 6e] **RAISON 107**
Chez l'Ami Jean [27 rue Malar, 7e] **RAISON 137**
Le 52 [52 rue du Faubourg Saint-Denis, 10e] **RAISON 202**
Aux Deux Amis [45 rue Oberkampf, 11e] **RAISON 220**
Septime [80 rue de Charonne, 11e] **RAISON 226**
Le 6 Paul Bert [6 rue Paul Bert, 11e] **RAISON 232**
Au passage [1 bis passage Saint-Sébastien, 11e] **RAISON 235**

**HÔTELS STYLÉS**
Hôtel Bachaumont [18 rue Bachaumont, 2e] **RAISON 29**
Buddha-Bar Hotel [4 rue d'Anjou, 8e] **RAISON 155**
La Réserve [42 avenue Gabriel, 8e] **RAISON 158**
Hôtel Grand Amour [18 rue de la Fidélité, 10e] **RAISON 203**
Hôtel Providence [90 rue René Boulanger, 10e] **RAISON 209**

**BRUNCH**
Le Pain Quotidien [5 rue des Petits Champs, 1er] **RAISON 18**
Claus [14 rue Jean-Jacques Rousseau, 1er] **RAISON 21**
Baguett's Café [33 rue de Richelieu, 1er] **RAISON 42**
Benedict [19 rue Sainte-Croix-de-la-Bretonnerie, 4e] **RAISON 68**
Rachel's [25 rue du Pont aux Choux, 3e] **RAISON 68**

**APÉRO / COCKTAIL / BAR**
Garde-Robe [41 rue de l'Arbre-Sec, 1er] **RAISON 22**
Coinstot Vino [26 bis Passage des Panoramas, 2e] **RAISON 27**
L'Experimental Cocktail Club [37 rue Saint-Sauveur, 2e] **RAISON 31**
Frenchie Wine Bar [6 rue du Nil, 2e] **RAISON 33**
Silencio [142 rue Montmartre, 2e] **RAISON 36**
Candelaria [52 rue de Saintonge, 3e] **RAISON 49**
Nüba [34 quai d'Austerlitz, 13e] **RAISON 84**
La Palette [43 rue de Seine, 6e] **RAISON 105**

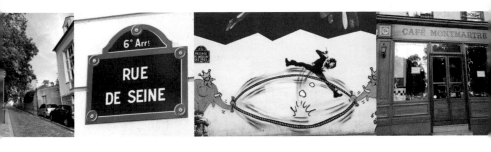

Le Syndicat [51 rue du Faubourg Saint-Denis, 10ᵉ] **RAISON 202**
Moonshiner [5 rue Sedaine, 11ᵉ] **RAISON 225**

**HÔTELS BON PLAN**
Hôtel Bedford [17 rue de l'Arcade, 8ᵉ] **RAISON 154**
Hôtel Chopin [46 passage Jouffroy, 9ᵉ] **RAISON 197**
Les Piaules [59 boulevard de Belleville, 11ᵉ] **RAISON 221**
Hôtel Gaston [51 boulevard Pereire, 17ᵉ] **RAISON 253**
Mama Shelter [109 rue de Bagnolet, 20ᵉ] **RAISON 286**

**TERRASSES CONFIDENTIELLES**
Park Hyatt [5 rue de la Paix, 1ᵉʳ] **RAISON 1**
Sinople [4 bis rue Saint-Sauveur, 2ᵉ] **RAISON 38**
Derrière [69 rue des Gravilliers, 3ᵉ] **RAISON 50**
Grand Cœur [41 rue du Temple, 4ᵉ] **RAISON 71**
Ralph's [173 boulevard Saint-Germain, 6ᵉ] **RAISON 108**

**CAFÉS DE BARISTAS**
**Broken Arm** [12 rue Perrée, 3ᵉ] **RAISON 57**
**Dose** [73 rue Mouffetard, 5ᵉ] **RAISON 80**
**Coutume** [47 rue de Babylone, 7ᵉ] **RAISON 134**
**You Decide** [152 avenue Victor Hugo, 16ᵉ] **RAISON 173**
**Cuillier** [19 rue Yvonne le Tac, 18ᵉ] **RAISON 266**

**RESTAURANTS AMBIANCE**
**Ferdi** [32 rue du Mont-Thabor, 1ᵉʳ] **RAISON 9**
**Cevicheria** [14 rue Bachaumont, 2ᵉ] **RAISON 25**
**Fish Club** [58 rue Jean-Jacques Rousseau, 2ᵉ] **RAISON 25**
**Le 404** [69 rue des Gravilliers, 3ᵉ] **RAISON 50**
**Les Bains Paris** [7 rue du Bourg-l'Abbé, 3ᵉ] **RAISON 52**
**Nord Marais** [39 rue Notre-Dame-de-Nazareth, 3ᵉ] **RAISON 59**
**La Mangerie** [7 rue de Jarente, 4ᵉ] **RAISON 70**
**Zo** [13 rue Montalivet, 8ᵉ] **RAISON 156**
**Germain** [25 rue de Buci, 6ᵉ] **RAISON 104**
**Ober Mamma** [107 boulevard Richard Lenoir, 11ᵉ] **RAISON 213**

## DÉTOX & ÉQUILIBRE
Fée nature [69 rue d'Argout, 2$^e$] RAISON 38
Juice It [8 rue de la Vrillière, 1$^{er}$] raison 41
Season [1 rue Charles-François Dupuis, 3$^e$] RAISON 57
Nanashi [57 rue Charlot, 3$^e$] RAISON 57
Rasa Yoga [21 rue Saint-Jacques, 5$^e$] RAISON 86
C'Juice [21 rue du Dragon, 6$^e$] RAISON 94
Marlon [159 rue de Grenelle, 7$^e$] RAISON 133
Thé Cool [10 rue Jean Bologne, 16$^e$] RAISON 175
Tigre Yoga Club [19 rue de Chaillot, 16$^e$] RAISON 185
Institut de Bonté [84 quai de Jemmapes, 10$^e$] RAISON 210

## VUES DE PARIS
Georges [6$^e$ étage du Centre Pompidou, place Georges Pompidou, 4$^e$] RAISON 72
Hôtel Raphael [17 avenue Kléber, 16$^e$] RAISON 170
Les Ombres [27 quai Branly, 7$^e$] RAISON 171
Café de l'Homme [17 place du Trocadéro, 16$^e$] RAISON 181
Déli-Cieux [64 boulevard Haussmann, 9$^e$] RAISON 198
Le Perchoir [14 rue Crespin du Gast, 11$^e$] RAISON 214
Terrass' Hôtel [12-14 rue Joseph de Maistre, 18$^e$] RAISON 271

## RESTAURANT BUSINESS
Water-Bar Colette [213 rue Saint-Honoré, 1$^{er}$] RAISON 13
Laurent [41 avenue Gabrielle, 8$^e$] RAISON 158
Market [15 avenue Matignon, 8$^e$] RAISON 161
Kinugawa [1 bis rue Jean Mermoz, 8$^e$] RAISON 162
Maison Blanche [15 avenue Montaigne, 8$^e$] RAISON 163
Café Kousmichoff [71 avenue des Champs-Élysées, 8$^e$] RAISON 169

## RUES CHARMANTES
Rue Mouffetard [5$^e$] RAISON 80
Rue Cler [7$^e$] RAISON 135
Rue des Marthyrs [9$^e$] RAISON 193
Rue Sainte-Marthe [10$^e$] RAISON 211
Rue de Lévis [17$^e$] RAISON 245

→→→→ ★ ←←←←

# Le CŒUR VIBRANT

→→→→ ★ ←←←←

Admirer les joyaux de la place Vendôme,
faire une balade au jardin des Tuileries,
visiter le musée de l'Orangerie, siroter les udon de
Little Japan, boire l'apéro dans la Petite Égypte,
manger dans les rues piétonnes de Montorgueil.

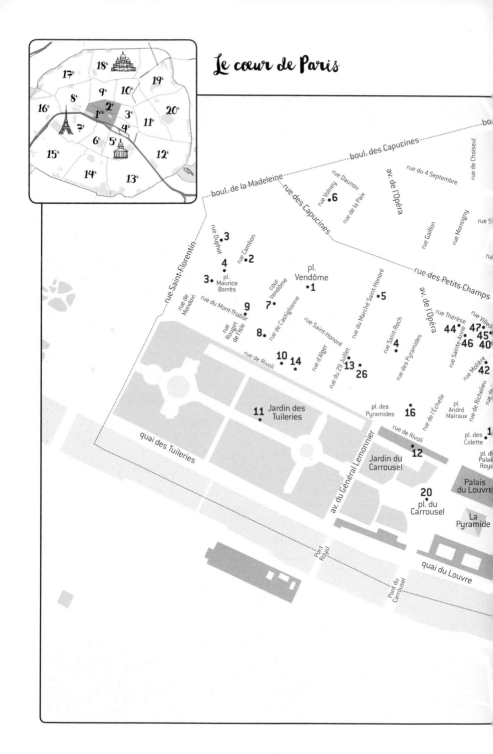

# Le cœur de Paris

# Rubis et vendômeries

**1** Le luxe, les grands noms de la joaillerie, les diamants, le Ritz, les rubis. Joyau octogonal où trône la **colonne Vendôme**, cette place fait rêver à toute heure de la journée. Frédéric Boucheron fut le premier des joailliers contemporains à s'installer sur cette place mythique en 1893. Pénétrez au cœur de la boutique **Boucheron** [26 Place Vendôme, 1er], allez à l'étage et observez la lumière. On murmure que le créateur avait choisi ce numéro, car c'est à cet angle que les pierres révèlent leur plus bel éclat. La place est entourée d'hôtels particuliers. Parmi les plus luxueux, l'**Hôtel d'Évreux** [no 19] est l'un des hauts lieux d'événements parisiens. Dans un superbe hôtel particulier qui fut la résidence du marquis de Ségur, **Van Cleef & Arpels** [no 22] tient son école d'initiation à la joaillerie et à l'horlogerie pour le public (passez par le 31 rue Danielle Casanova). Au no 16 se trouvent les bureaux de **Comme des Garçons,** marque de mode japonaise et de parfums très connus. Pour une ambiance cosy feutrée, je vous conseille un petit déjeuner ou un lunch au premier étage de l'**Hôtel de Vendôme** [no 1], confortablement installé dans un super fauteuil «pieds-de-coq». Plus loin, vers l'Opéra, la rue de la Paix abrite le **restaurant du Park Hyatt** [5 rue de la Paix] et sa sublime terrasse confidentielle. Un excellent lieu pour un rendez-vous d'affaires. [Place Vendôme, 1er]

# Kilian Hennessy
## L'héritier de la rue Cambon

➔➔ ⋰ ⬅⬅

**2** Design élégant, épuré. Les présentoirs laqués noirs des parfums tranchent avec les murs blancs immaculés. Du blanc, du noir : au fond, Kilian n'aime pas grand-chose d'autre. Héritier d'une longue lignée d'industriels renommés pour leur cognac, Kilian Hennessy, petit-fils du fondateur du groupe LVMH, a réussi à percer parmi les géants de la parfumerie avec sa marque éponyme, *by Kilian,* lancée en 2006. Maîtrisant l'art des bonnes manières extrêmement codées de la haute bourgeoisie parisienne, il séduit avec son regard noir perçant, son sens de l'extrême raffinement et son ouverture implacable sur le monde. Lorsqu'il n'est pas à Paris avec ses enfants ou à New York avec sa femme, Elisabeth Jones-Hennessy, Kilian partage son temps entre Londres et Moscou, points stratégiques de son business parfumé.

Parmi ses créations : *Good girl gone Bad, Liaisons Dangereuses, Cruel Intentions, Intoxicated, Light my Fire* et *Smoke for the Soul.* « J'aime créer des accords uniques. Plus les femmes vont avoir une culture olfactive importante, plus elles seront à l'aise avec le monde des odeurs, plus elles vont décoder les différents parfums et savoir comment les agencer en fonction de la manière dont elles sont habillées. » Que recherchent les femmes, aujourd'hui, dans un parfum ? De la surprise ? De l'innovation ? De l'émotion ? « Sans doute un peu des trois ! rétorque-t-il. Je crois que les femmes cultivent des valeurs d'autonomie d'une façon très affirmée, aujourd'hui, mais, d'un autre côté, elles sont à la recherche d'un nouveau romantisme, d'une nouvelle sensualité. Valeurs d'opposition totale ! »

Pour découvrir l'univers unique du créateur, je vous invite à visiter sa première boutique parisienne, **Kilian** [20 rue Cambon, 1er], dans la mythique rue Cambon, où sont situés les **appartements privés de Coco Chanel** [31 rue Cambon, 1er]. Dans cet espace de 55 m2, aucun détail n'est laissé au hasard. Kilian a pensé à tout. Au fond de la boutique, canapé et fauteuil pour recevoir sa clientèle chic en toute intimité et lui faire découvrir les coffrets exclusifs et les collections de bijoux parfumés. « J'ai toujours eu le "fantasme", l'utopie de rendre le parfum visible…, donc de rendre visible l'invisible ! Mes bijoux sont une nouvelle façon de porter le parfum. Plus intime, plus précieux, sans l'agressivité de l'alcool », explique le créateur.

Pourquoi une première boutique rue Cambon ? « C'est évidemment à Chanel que cette rue est immédiatement associée, donc à l'une des plus belles marques au monde. Au-delà de cette évidence, il y a aussi et surtout l'idée d'être proche de la mythique rue Saint-Honoré, et donc de bénéficier de son énergie, mais en offrant un peu plus de quiétude et de sérénité. » Qui sait ? Avec un peu de chance, vous y croiserez peut-être Kilian !

4A  4B

## L'hôtel Le Burgundy

**3** Situé à deux pas des rues Saint-Honoré et Royale, **Le Burgundy** séduit avec son restaurant sous verrière absolument magnifique, **Le Baudelaire**, à la fois salon de thé chic, bar à champagne et haut lieu de la bistronomie, mais aussi (et surtout) avec son incroyable piscine et son espace bien-être intérieur confidentiel. Une oasis de luxe et de zénitude très romantique en plein cœur de Paris. [6-8 rue Duphot, 1er]

## Coupoles et clochers

**4** Parmi les églises à visiter, **Notre-Dame-de-l'Assomption** (A) [263 rue Saint-Honoré, 1er], à l'angle des rues Saint-Honoré et Cambon [place Maurice Barrès], est l'une de mes favorites. Sous la sublime coupole de la rotonde eut lieu en 1842 la cérémonie funéraire de Stendhal, célèbre écrivain français. J'aime aussi l'**église Saint-Eustache** pour son architecture de la Renaissance d'inspiration gothique [2 rue du Jour, 1er]; l'**église Saint-Roch** (B) [296 rue Saint-Honoré, 1er] pour son sublime parvis, ses tableaux classés et les nombreux artistes qui y furent inhumés, dont Corneille; et la **basilique Notre-Dame-des-Victoire** [place des Petits-Pères, 2e] pour son style baroque.

3

## La place du Marché Saint-Honoré

**5** À partir de la rue Saint-Honoré, tournez dans la rue du Marché Saint-Honoré qui débouche sur une des places les plus sympathiques du centre de Paris, la **place du Marché Saint-Honoré** [Place du Marché Saint-Honoré, 1er], pour manger en terrasse loin du brouhaha urbain et retrouver un peu de calme au cœur de la ville. Les bons plans : un brunch au **Pain Quotidien** [no 18], un lunch au **Nomad's** [nos 12-14], un apéro au **Très Honoré** [no 35] ou un dîner chez **Fuxia** [no 42], un italien très chouette et abordable qui possède plusieurs adresses à Paris. La place accueille aussi un marché de petits producteurs où l'on peut faire ses courses le mercredi, de 12 h 30 à 20 h 30, et le samedi, de 7 h à 15 h, dans une ambiance rurale au cœur de la capitale. Vous y trouverez aussi des magasins très mode tels que **Marc Jacobs** [no 19] et **Comme des Garçons parfums** [no 23]. La rue du Marché Saint-Honoré abrite quelques boutiques d'accessoires très sympas. À quelques pas, rue du 29 Juillet, se trouve le succulent resto **Uma** [no 7] et sa cuisine d'inspiration Nikkei, une gastronomie à la croisée du Pérou et du Japon.

*« La place du Marché Saint-Honoré accueille aussi un marché de petits producteurs où l'on peut faire ses courses le mercredi. »*

## L'hôtel Costes

**7** Voici l'hôtel 5 étoiles mythique de la faune parisienne. Fondé en 1995 par Jean-Louis et Gilbert Costes, l'**hôtel Costes** est l'un des plus beaux endroits où l'on puisse manger dans le quartier de la place Vendôme. Je suis une inconditionnelle du lieu, de l'ambiance feutrée et du riche décor Napoléon III unique à Jacques Garcia. À l'intérieur, une odeur chaude et légèrement boisée séduit les sens sur fond de musique lounge. Au restaurant, commandez le « Tigre qui pleure », un classique de la cuisine thaïlandaise. Vous y croiserez peut-être Catherine Deneuve, Patrick Bruel ou David Hallyday... Bon à savoir: l'hôtel possède une piscine confidentielle, en sous-sol, et un hammam absolument incroyable. [239-241 rue Saint Honoré, 1er]

## Éléphant Paname

**6** Un trésor! Établi entre les places Vendôme et de l'Opéra, dans un ancien hôtel particulier style Napoléon III, **Éléphant Paname** [10 rue Volney, 2e] est un joyau pour les amateurs de lieux culturels atypiques. J'ai découvert cette salle lors d'un cours de yoga donné sous l'extraordinaire dôme lumineux central. Le plafond ressemble à une pluie d'étoiles filantes aux dimensions cosmiques. On s'y adonne à la danse, au yoga, et l'on y trouve un théâtre, un lieu d'exposition et un restaurant gastronomique. Si vous avez envie de faire un peu de sport dans une salle sans pareille, consultez la liste des cours proposés sur le site Web. Il y a aussi une petite boutique de souvenirs à l'entrée. Puisque vous y êtes, dans la même rue se trouve le **Bistro Volnay** [8 rue Volnay, 2e], une excellente adresse, à la fois moderne et chaleureuse, qui propose une cuisine de marché et une excellente carte des vins.

## Les spas souterrains

**8** Envie d'une journée détente? Le spa Six Senses [3 rue de Castiglione, 1$^{er}$] est un sanctuaire de zénitude situé à deux pas de la place Vendôme et du jardin des Tuileries. À l'intérieur, un mur tropical sur deux niveaux, signé Patrick Blanc, des cabines-cocons en bois de chêne et le ciel de Paris projeté en temps réel dans l'espace détente. Sous les voûtes de l'**hôtel Saint James Albany** [202 rue de Rivoli, 1$^{er}$] se trouve aussi le spa **After The Rain** et sa piscine de 25 m, hammam au plafond éclairé de petites lumières qui vous propulsent sous un ciel étoilé. Le bon plan : réservez un massage et profitez de toutes les installations. Magique.

## Ferdi

**9** Impossible de passer sous silence **Ferdi** [32 rue du Mont-Thabor, 1$^{er}$], ce petit restaurant rempli de charme situé à quelques pas de la rue Saint-Honoré. Un décor feutré, ludique et chic, constitué de petits jouets d'enfants, de toutous (dites «peluches») et de quelques citations à l'humour décapant. Qui est Ferdi? Il s'agit de Ferdinand, fils de Jacques et Alicia, les proprios. Ambiance tapas. Commandez le ceviche, les tortillas, la guacamole ou l'incontournable burger (élu l'un des meilleurs de Paris). Alfred de Musset, grand écrivain romantique français («La vie est un sommeil, l'amour en est le rêve, et vous aurez vécu, si vous avez aimé.») est mort non loin d'ici, au 6 rue du Mont-Thabor.

## Un thé au Meurice

**10** Après votre balade au jardin des Tuileries, direction le **Meurice**, le plus beau palace de la ville. Profitez d'un des meilleurs *tea time* de Paris, à partir de 15 h 30 au **Dalí**, restaurant du hall baptisé ainsi en l'honneur du peintre catalan. Extasiez-vous devant le décor majestueux du restaurant le **Meurice** d'Alain Ducasse, un conte de fées où trônent miroirs anciens, lustres en cristal, marbres et fresques. Inspiré du salon de la Paix du château de Versailles, le Meurice à lui seul est un musée. Tout le faste qu'une ville comme Paris peut offrir. [228 rue de Rivoli, 1$^{er}$]

## Un après-midi aux Tuileries

**11** Le plus beau jardin du monde, celui des **Tuileries** [113 rue de Rivoli, 1er], est le plus important et plus ancien de la capitale. Pour la petite histoire, son nom vient des fabriques de tuiles qui s'y trouvaient à l'époque de Catherine de Médicis, au XVIe siècle. De juin à août, la partie adjacente à la rue de Rivoli se transforme en parc d'attractions avec manèges en hauteur et barbe à papa. En mode balade et farniente, prévoyez un pique-nique ou attrapez un sandwich chez **Paul**, près de l'arc de triomphe du Carrousel, puis installez-vous près d'un bassin et savourez le tout en admirant les sublimes façades de Rivoli. Depuis le bassin central, vous avez d'ailleurs vue sur une bonne partie de Paris ! J'adore me balader dans l'allée qui longe la Seine, moins fréquentée, et emprunter un pont, peu importe lequel, pour traverser sur la Rive Gauche. Halte obligatoire au **musée de l'Orangerie** pour admirer le cycle des *Nymphéas* de Monet, compositions installées en permanence depuis la mort de l'artiste en 1927.

## La Galerie des bijoux

**12** Amoureux de haute joaillerie du Moyen Âge à aujourd'hui, voici une exposition de rêve à deux pas du Louvre, tout en haut de l'escalier d'honneur du superbe **musée des Arts décoratifs**. Son nom dit tout: la Galerie des bijoux. Environ 1200 pièces sont exposées dans un parcours chronologique. Une première salle est consacrée au Moyen Âge, puis une superbe passerelle de verre vous amène dans la seconde salle consacrée aux collections contemporaines. C'est aussi l'occasion d'admirer les créations vintage des joailliers de la place Vendôme: Boucheron, Cartier, Van Cleef & Arpels, Jar, Chanel, Lorenz Bäumer. [107 rue de Rivoli, 1er]

## Le Water-Bar Colette

**13** Confidentiel et situé au sous-sol de **Colette**, célèbre *concept-store* dénicheur de tendances et de marques émergentes du monde entier, le **Water-Bar**, fréquenté par les Parisiens et les voyageurs branchés, est un lieu très sympa pour luncher. La carte propose une infinie sélection d'eaux plates et à bulles, aux mille vertus, venant des quatre coins du monde. Mais, attention! On ne boit pas que de l'eau, au Water-Bar. La carte est riche, au goût du jour et inventive. Chaque plat est une trouvaille, chaque dessert vient des meilleures pâtisseries de Paris (Paris-Brest, La Pâtisserie des Rêves, sans oublier le cheese-cake Mazaltov de Jean-Paul Hévin). [213 rue Saint-Honoré, 1er]

*« Je ne viens Rive Droite que pour Chanel, Colette et Galignani. »*

*Karl Lagerfeld*

## La librairie Galignani

**14** Installée depuis 160 ans sous les arcades de la rue de Rivoli, à mi-chemin entre le Louvre et la Concorde, la librairie Galignani s'est longtemps consacrée aux ouvrages de langue anglaise avant de s'ouvrir à la littérature française. Ernest Hemingway, Colette, Orson Welles furent ses clients. Aujourd'hui, vous pourrez peut-être y croiser Mick Jagger ou Karl Lagerfeld, le plus assidu : « Je ne viens Rive Droite que pour Chanel, Colette et Galignani », a-t-il dit un jour. [224 rue de Rivoli, 1er]

## Le Fumoir

**15** Une adresse mythique qui offre une vue sur le Louvre. Pour l'apéro, on se pose en terrasse ou dans le bar, à l'intérieur. Le restaurant aux grandes fenêtres est lumineux et spacieux. La clientèle est éclectique, très business le midi, plutôt touristique le soir. On y mange délicieusement bien. J'aime particulièrement la bibliothèque, tout au fond. Il est possible d'y emprunter un livre pour le lire sur place, devant un thé ou un chocolat chaud extra crème fouettée. [6 rue de l'amiral Coligny, 1er]

## Astier de Villatte

**16** La céramique *made in Paris* la plus élégante et célèbre de la Ville Lumière. Qu'y trouve-t-on ? Couverts, assiettes, collections de bijoux vintage, bougies et eaux de Cologne, tous produits dans les ateliers du 13e arrondissement, boulevard Masséna. La signature ? Tout blanc, classique, chic. On achète des bougies parfumées aux noms évocateurs : Honolulu, Alcatraz, Alger, Delphes... Et pourquoi pas « Rue Saint-Honoré » ? [173 rue Saint-Honoré, 1er]

15

16

## La place Colette

**17** Observez la façade de la **Comédie-Française** à travers la structure fantastique en aluminium et verre de Murano de Jean-Michel Othoniel. Cette bouche de métro de la station Palais-Royal – Musée du Louvre, qui s'intitule **Le Kiosque des noctambules**, est l'une de mes favorites à Paris. Elle injecte un peu de couleur et de folie dans le style haussmannien, hautement monochrome. Vous êtes sur la **place Colette**. Ses musiciens. Les touristes, en plein circuit Opéra-Louvre, vous épient à travers les fenêtres des bus. Vous serez sûrement sur l'une de leurs photos-souvenirs, ou eux sur les vôtres, peu importe. Souriez ! L'entrée du jardin du Palais-Royal est à quelques pas. [Place Colette, 1er]

18 A

## Une balade au jardin du Palais-Royal

**18** À deux pas du musée du Louvre se trouve l'un des plus beaux jardins de Paris, le **jardin du Palais-Royal** (A) [Place du Palais-Royal, 1er]. On y compte quatre galeries sous arcades : les galeries de Montpensier, de Beaujolais, de Valois et du Jardin. C'est aussi l'occasion d'admirer les 260 colonnes tronquées de Buren (œuvre aussi appelée *Les Deux Plateaux*), aux rayures de marbre noir et de granito blanc. Pause lecture près du bassin central qui déploie ses jets d'eau en forme d'éventail, suivie d'un déjeuner sur la superbe terrasse du Bistrot Valois, située dans une cour intérieure pavée, à deux pas du passage Vérité [1 place de Valois, 1er]. Amoureux de design, allez admirer, au bout de ce passage, la résille d'acier inoxydable de l'architecte Francis Soler, qui enveloppe le ministère de la Culture. **Le Pain Quotidien** (B) [5 rue des Petits Champs, 2e], restaurant sis au-delà de la galerie de Beaujolais,

hors du jardin, dans un immeuble historique, est l'un de mes endroits favoris pour boire un excellent latte et manger produits bios, pains et tartines chocolatées à volonté.

18 B

## Le Louvre

**19** Le voici, ce joyau ! L'un des plus grands musées du monde, que dis-je un musée, un château ! Admirez-le de l'extérieur (c'est gratuit), traversez la cour Napoléon, allez dans la cour Carrée, tout au fond, faites le tour ! Chaque colonne, façade, statue, gravure, marche ou arcade révèle les détails infiniment précieux de ce palais dont l'origine remonte à la fin du XIIe siècle. À l'intérieur, explorez l'art occidental du Moyen Âge, les civilisations antiques, les vestiges des fossés et du donjon de l'ancienne forteresse. Vous pourriez passer des semaines entières à visiter le Louvre et vous ne verriez pas tous les trésors qu'il recèle. Bien des pièces ne sont d'ailleurs pas ouvertes au public. Pour absorber l'énergie des lieux, posez-vous sur la terrasse du **Café Marly** [93 rue de Rivoli, 1er], sous les arcades, avec vue sur la Pyramide. De quoi faire sourire la Joconde ! [Musée du Louvre, 1er]

# Le Carrousel du Louvre

**20** Situé sous le jardin des Tuileries, le **Carrousel du Louvre** [99 rue de Rivoli, 1er] est un grand centre commercial souterrain à mettre sur la liste des activités à faire par temps pluvieux. Parmi les incontournables, l'**Apple Store**, situé directement sous la pyramide inversée du musée du Louvre, ou la boutique de thé **Mariage Frères**. Empruntez ensuite les escaliers et vous sortez directement dans la cour intérieure du Louvre. Tadam !

## Le damier de la galerie Véro-Dodat

**21** L'un des plus beaux passages couverts de Paris. Pour l'anecdote, cette galerie de 80 m, construite en 1826, tient son nom de ses deux investisseurs, le charcutier Benoît Véro et le financier Dodat. J'adore son carrelage en damier noir et blanc et son style très parisien. La façade de la galerie sur la rue du Bouloi est décorée de deux statues figurant Hermès et un satyre au repos. Mon parcours est en général celui-ci : entrée par la rue du Bouloi, visite de la boutique **By Terry** [36 galerie Véro-Dodat, 1er], l'unique adresse avec pignon sur rue de la créatrice Terry de Gunzburg. Tout au bout de la galerie, à la sortie dans la rue Jean-Jacques Rousseau, se trouve l'**atelier-boutique de Christian Louboutin** [19 rue Jean-Jacques Rousseau, 1er]. Vous traverserez ensuite la rue pour aller chez **Claus** [n° 14], une excellente adresse pour un petit déj' santé ou croissant *so frenchy* à déguster à l'étage, à l'abri des regards. [Galerie Véro-Dodat, 1er]

## Les bistros de l'Arbre-Sec

**22** Bienvenue au **Garde-Robe (A)** [41 rue de l'Arbre-Sec, 1er], une cave-épicerie style bistro rustique qui se veut le parfait endroit pour un apéro entre amis. Pas de chichi, mais une sélection pointue de vins naturels, bios ou biodynamiques. Dégustez le Croque du Garde, un savoureux fromage comté fondu sur pain de campagne épais et moelleux, lequel est trempé au préalable de vin blanc et grillé. Une fine couche de concombre bien frais et du jambon de Bayonne recouvrent le tout. Un péché ! Après votre « pot », enfoncez-vous dans le quartier. La rue de l'Arbre-Sec propose une excellente cuisine de terroir chez **Racines (2)** [n° 39], seconde adresse de David Lanher, proprio de Racines, dans le passage des Panoramas. Vous reconnaîtrez les mythiques bois de cerf signés Starck. La cuisine en inox est ouverte façon « chef à domicile », avec, au centre de la salle, une grande tablée. Dans l'assiette, poisson et herbes fraîches, légumes croquants, et dans les verres du vin naturel, le tout pour 40 euros par personne. Bon à savoir : l'hôtel **L'Empire** [n° 48], en plus d'être très central, est aussi pas mal dans le genre hôtel-boutique et possède son propre sauna-hammam.

21 | 22A

# Un coucher de soleil au square du Vert-Galant

**23** Si vous êtes dans le 1er arrondissement, près du Châtelet, traversez le **pont Neuf**, un monument en soi. C'est le plus ancien pont de Paris, le plus long du cœur de la ville (238 m) et le tout premier qui fut pourvu de trottoirs pour protéger les passants de la boue et des chevaux. Allez vous lover dans l'une des alcôves et vous perdre dans la vue magnifique qu'offre la Seine. Puis faites un arrêt à la **place Dauphine**, dans l'île de la Cité, un très bel espace triangulaire dont l'une des pointes débouche au milieu du pont Neuf. C'est l'une des cinq places royales de Paris. Vous y trouverez des galeries d'art et quelques petits restaurants-cafés loin du tumulte de la foule. C'est ici que se trouve l'ancien appartement de Bono, chanteur de U2, au numéro 14. C'est aujourd'hui un lieu prestigieux réservé pour des événements privés. La vue panoramique donne d'un côté sur la place Dauphine et la tour Eiffel, et de l'autre sur la Seine et le Louvre. Finissez votre balade au **square du Vert-Galant**, à la pointe ouest de l'île. Achetez quelques sushis, une bouteille de rosé, et profitez de la ville à bas prix en regardant défiler les bateaux-mouches. Cliché, mais irrésistible !

## Le Village Montorgueil

**24** La rue Montorgueil est l'une de mes rues favorites à Paris. Passez sous l'arche de la rue des Petits Carreaux (qui prolonge Montorgueil), humez les odeurs de fleurs, de pains, de croissants, de fruits frais, de poissons... J'aime l'ambiance de cette voie piétonne qui nous plonge dans le Paris historique. Testez **Little Italy** (A) [92 rue Montorgueil, 2$^e$], un resto italien très sympathique. **Stohrer** (B) [n$^o$ 51], la plus vieille pâtisserie de Paris, date de 1730; sa spécialité est le puits d'amour. Le restaurant **Au Rocher de Cancale** [n$^o$ 78] est classé monument historique; on peut encore y admirer des fresques de Paul Gavarni (1804-1866). L'ancienne adresse du Rocher de Cancale (en face) était le lieu de prédilection de Balzac et d'Alexandre Dumas. Coup de cœur pour la terrasse ensoleillée du **Compas** [n$^o$ 62], qui propose les bons classiques parisiens dans un décor moins poussiéreux, mais tout aussi charmant. Le **passage du Grand-Cerf** [145 rue Saint-Denis, 2$^e$] abrite une foule de petits créateurs, artisans, décorateurs et designers de mode.

## Les Bistros Nautiques

**25** Le quartier Montorgueil est un excellent lieu de rendez-vous pour un dîner entre amis. Parmi les nouveaux restaurants à proximité, la tendance est aux tables marines. D'abord, **La Marée Jeanne** [3 rue Mandar, 2$^e$], avec sa façade bleu marine et son poisson géant, donne le ton à cette vague de «bistronautiques». Au menu : friture d'éperlans, croque-homard, huîtres (évidemment) et plateaux tutti fruits de mer. La **Cevicheria** [14 rue Bachaumont, 2$^e$] se spécialise dans les poissons crus marinés au *leche de tigre* (citron vert, ail, piment, oignon rouge, coriandre). Le **Fish Club** [58 rue Jean-Jacques Rousseau, 1$^{er}$] est situé quelques pas plus loin

# Chantal Thomass
## la prêtresse de la lingerie pin-up

**→→·∘∘·←←**

**26** Il y a la lingerie, certes. Mais le personnage, aussi – celui de Chantal Thomass, prêtresse du dessus-dessous, icône parisienne de la lingerie mode. Cheveux noirs ultra-droits, frange carrée, jupe et veste noires, chemisier blanc et bouche rouge flamboyant... Son style est inimitable. La façade de sa boutique de la rue Saint-Honoré est mythique et les femmes (les hommes aussi!) viennent du monde entier pour admirer sa lingerie aux confins de l'érotisme.

La créatrice a fait ses débuts très tôt, à la fin des années 1960, quand les femmes, très libres, ne portaient pas de soutien-gorge.

«La lingerie féminine de séduction n'existait pas. Je suis arrivée après les féministes qui avaient aboli le soutien-gorge. J'étais fascinée par cette lingerie des années 1930 et 1940: les soutiens-gorge pointus, les porte-jarretelles, les déshabillés somptueux... Je m'en suis inspirée pour faire du prêt-à-porter.»

Elle lance alors sa marque de prêt-à-porter Ter et Bantine. Des icônes telle Brigitte Bardot craquent pour son style bohème et plein d'humour, ses rubans, sa dentelle Chantilly, ses coupes de guêpières dans la flanelle, ses corsets en daim ou en satin portés sur des chemises d'homme. Grâce à elle, la lingerie accède au rang de vêtement de mode. Elle se fait remarquer par ses couleurs vives, dentelle rose sur fond rouge, un porte-jarretelle qu'on aperçoit sous une jupe fendue, un soutien-gorge sous une chemise ouverte... Un mélange de séduction et d'impertinence.

«Il y a toujours une petite touche un peu drôle, fun et originale. Mais je ne verse jamais dans la vulgarité. Il y a une limite que je ne franchis pas», explique-t-elle. Ce qui l'inspire? «Par exemple, les dentelles anciennes avec lesquelles je refais des dentelles plus modernes. Les corsets de 1900. Un corset, pour une soirée, c'est extrêmement flatteur! Les matières, aussi: le tulle et la dentelle pour la transparence. J'aime la dentelle Chantilly, celle dont raffolait l'impératrice Eugénie. Et la dentelle Leavers, la plus fine et la plus chère.»

Ses couleurs favorites? «Le noir et le rose. Le noir parce qu'il met le corps en valeur. Et le rose est une couleur très flatteuse qui donne bonne mine», explique celle qui arrive à deviner ce que les femmes cachent sous leurs vêtements. «C'est très surprenant. J'ai vu des femmes hyperclassiques en petit tailleur acheter de la lingerie très séduction et plutôt originale; et de vraies bêtes de mode qui ne portent que des moulés Calvin Klein. C'est une question de personnalité. Il n'est pas si facile de trouver les choses qui vous correspondent... Il faut bien se regarder dans la glace, voir ses qualités et ses défauts, mettre en valeur ce qu'on a de bien et cacher ce qu'on a de moins bien.» Quelle pièce de lingerie préfère-t-elle? «Le soutien-gorge. On peut jouer sur la forme, les couleurs. Ça met les seins en valeur, donc c'est très important.» Son ultime conseil de séduction? «Il faut d'abord se séduire soi-même avant de séduire les autres.» **Chantal Thomass**, [211 rue Saint-Honoré, 1er].

## Le passage des Panoramas

**27** C'est l'un des passages qui font courir les Parisiens *foodies addicts*. D'abord pour le **Noglu** [16 passage des Panoramas, 2ᵉ], l'incontournable du «sans gluten». D'un côté, le restaurant, style néo-bistro, et sa longue table ; de l'autre, le traiteur qui propose des pains, muffins, pâtisseries et autres gourmandises sans gluten. Leur slogan ? «Chez Noglu, *everything is gluten free!*» (En anglais, pour faire plus *frenchie*.)
Le **Caffè Stern** [n° 47] est un italien gourmet situé dans une ancienne imprimerie historique de Paris et redécorée par Philippe Starck. Les boiseries datent du XVIIᵉ siècle et les parquets sont originaux. Demandez une table dans le salon du fond, qui est sublime. Plus loin dans le passage se trouve le **Coinstot Vino** [n° 26 bis] qui propose une superbe sélection de vins naturels (Ardèche, Bourgogne, Alsace, Jura, etc.) et des planches de charcuterie à déguster en terrasse (à l'abri). Unique !

## Chez Nose

**28** Nous sommes chez **Nose**, en plein cœur du quartier Montorgueil, dans la rue Bachaumont. Ici, dénichez votre parfum parmi une sélection de fragrances pointues. Pour faciliter votre choix, le lieu innove par son diagnostic olfactif imaginé par Nicolas Cloutier, un Québécois d'origine, qui détermine la pyramide olfactive de chacun. Nom ? Date de naissance ? Antécédents olfactifs ? Notes favorites ? L'intérêt : dresser la liste des ingrédients qui se recoupent dans vos parfums favoris afin de dresser la pyramide olfactive de vos envies et de vous proposer une sélection sur mesure, iPad au bout des doigts et mouillettes au nez.
[20 rue Bachaumont, 2ᵉ]

## L'Hôtel Bachaumont

**29** Pour ceux qui cherchent un hôtel de style contemporain avec un twist classique parisien, l'**Hôtel Bachaumont** [18 rue Bachaumont, 2ᵉ] est une excellente adresse. L'hôtel, qui tient son nom de Louis Petit de Bachaumont (écrivain scandaleux de la France du XVIIIᵉ siècle), était une institution dans le Paris des années folles. Devenu la « clinique Bachaumont » au fil des années, le lieu mythique a fait son *comeback* en grande pompe en juillet 2015, après d'énormes travaux. À l'intérieur du restaurant, le sol en mosaïque de marbre a été réalisé à la main et reprend exactement les motifs du pavé de la rue Montorgueil. Le soir, prenez un verre au bar **Night Flight** (en hommage au roman *Vol de Nuit* de Saint-Exupéry) et admirez les banquettes en velours cuivré, tables basses totémiques en bois noir, poufs en rondeur. L'hôtel compte 49 chambres (de 17 à 50 m²). Coup de cœur pour les têtes de lit en tissus signées **Pierre Frey** [27 rue du Mail, 2ᵉ], institution de la rue du Mail.

## Les Stocks Gerard Darel

**30** Un des grands bonheurs des Parisiennes, c'est de dénicher les meilleurs « stocks » (*outlets*) de la capitale. C'est dans le quartier du Sentier que se trouvent les Stocks Gerard Darel, célèbre marque française aux coupes classiques, chic et décontractées. Pour accéder à la boutique, pénétrez dans la cour de l'immeuble, prenez la première porte à gauche et montez à l'étage. Vous y trouverez 300 m² de chemisiers, robes, jupes, pantalons, jeans, leggings, trenchs, manteaux. Les rabais peuvent aller jusqu'à 30 % sur les prix indiqués en boutique. Rien de vieux, que les collections de saison. [19 rue du Sentier, 2ᵉ]

## L'Experimental Cocktail Club

**31** Voici l'un des meilleurs bars à cocktails du quartier pour tester l'art de la mixologie à la parisienne dans une ambiance lounge et cosy. On s'y rend en semaine pour un apéro ou un digestif en petits comités, puisque le lieu compte très peu de places assises. Rapprochements assurés le week-end sur musique DJ. Les *barmans shakeurs* vous en mettront plein la vue ! [37 rue Saint-Sauveur, 2ᵉ]

*« Le soir, prenez un verre au bar Night Flight (en hommage au roman Vol de Nuit de Saint-Exupéry). »*

## La Petite Égypte

# 32

Rues du Caire, du Nil, d'Aboukir et d'Alexandrie... Vous voici dans la Petite Égypte, ce secteur de Paris situé au cœur du quartier du Sentier et reconnu pour être « feu » le quartier général du textile. À l'arrière-scène, dans les coulisses de la rue piétonne des Petits Carreaux, travaillent une foule de grossistes et de fabricants d'accessoires et de prêt-à-porter. Les vitrines laissent à désirer, tout tombe en ruine et les confections sont loin du chic parisien. Le **passage du Caire** [place du Caire, 2e], inauguré en 1798 lors de la campagne de Napoléon en Égypte, est le plus vieux passage couvert de Paris. Légèrement délabré pour le moment, mais sûrement un lieu qui explosera dans les années à venir. La balade vaut surtout le détour pour constater l'évolution d'un quartier en pleine mutation.

## La rue du Nil

**33** Pour avoir la *frenchie attitude*, explorez la rue du Nil, juste au nord de la rue Réaumur. Cette microrue de 72 m de long attire la faune parisienne qui fréquente le célèbre restaurant **Frenchie** [5 rue du Nil, 2e], une « néo-institution ». Impossible d'avoir une table et c'est très bien ainsi, car cela vous donne une bonne raison de tester le **Frenchie To Go** [no 9], du *street food* de qualité. Commandez un lobster roll ou le cultissime fish & chips. Mieux : venez boire l'apéro au **Frenchie Wine Bar** [no 6], juste en face, en mode décontracté avec les gens du quartier. Pour impressionner vos convives, faites vos courses à la boutique **Terroirs d'Avenir** [nos 6-8], surnommée « l'adresse pour chefs multi-étoilés ». Vous avez de bonnes chances d'y croiser les plus grands chefs avant-gardistes de Paris : Alain Ducasse, David Toutain (7e arr.) et Bertrand Grébaut (Septime, 11e arr.). De quoi s'agit-il ? D'une épicerie, boucherie et poissonnerie tout-en-un qui met en avant la biodiversité alimentaire locale. Les proprios, membres du mouvement Slow Food, sont des adeptes de la culture durable, du respect de l'environnement et de la saisonnalité. On y trouve donc les produits de saison les plus savoureux, des variétés anciennes de légumes, de la viande de « race pure », des poissons issus de la pêche durable, et des fromages bios. Le tout à prix tout doux. Cette rue étroite du Sentier a de loin la plus grande notoriété en termes de gastronomie durable.

35

## L'Oasis d'Aboukir

**34** L'un des plus beaux murs végétaux de Paris, souvent appelé l'**Oasis d'Aboukir** [angle des rues d'Aboukir et des Petits Carreaux, 2ᵉ], s'élève sur 25 m et abrite plus de 7600 plantes de 237 espèces. Un tour de génie de design botanique signé Patrick Blanc, «celui qui réintroduit la nature là où on ne l'attend pas».

## L'hôtel Edgar

**35** Situé à deux pas de la rue Montorgueil et au cœur de la Petite Égypte, sur un square charmant à l'abri des vrombissements, se trouve l'**hôtel Edgar** [31 rue d'Alexandrie, 2ᵉ]. Cet hôtel-boutique possède un univers décalé très parisien. Chaque chambre est unique et décorée par un artiste invité. La terrasse est aussi un excellent lieu de rencontre pour un apéro. Traversez la rue et allez, juste en face, au restaurant **Baretto di Edgar** [n° 14], une charmante trattoria pizzeria qui appartient aux propriétaires de l'Edgar.

*« Dieu a inventé le Parisien pour que les étrangers ne puissent rien comprendre aux Français. »*

Alexandre Dumas fils

## Le Silencio, la nuit

**36** Pour embrasser les plaisirs de la nuit parisienne, direction le **Silencio** [142 rue Montmartre, 1er], le club du cinéaste David Lynch fondé en 2011. Enfoui dans un sous-sol confidentiel, ce lieu atypique comprend un fumoir, une bibliothèque-librairie, une scène de concert, une galerie photo et une salle de projection. Il appartient aux membres de 18 h à 23 h, et ouvre ensuite ses portes aux clubbeurs et aux gens de la nuit de style bobo Rive Droite.

## La Fée nature

**37** C'est mon adresse favorite pour un lunch santé, abordable, en toute simplicité. Quinoa, quiches, jus de légumes fraîchement pressés... Chez **Fée Nature** [69 rue d'Argout, 2e], tout est absolument savoureux, bio, *healthy* et fait sur place. Leur philosophie (« Bien se nourrir pour vivre mieux ») se confirme dans chaque plat, concocté avec amour. À la porte d'à côté, **Leoni's Deli** [no 67] propose des hot dogs biologiques avec pain et viande bios. **Fée Nature** possède une autre adresse dans le 10e arrondissement [40 bis rue du Faubourg Poissonnière, 10e].

## L'éden de Montorgueil

**38** Petit havre de verdure dissimulé dans une cour intérieure, le **Sinople** surprend par ses allures d'oasis brésilienne : palmiers, cactus, décor vintage... La verrière escamotable permet même de manger à ciel ouvert, quelle que soit la météo. Le meilleur endroit pour observer les allées et venues des plus beaux sportifs de Paris, car c'est aussi le restaurant du **Klay**, salle de sport de l'élite parisienne. On y mange un ceviche de daurade, le cabillaud au naturel ou l'incontournable Sinople Burger. [4 bis rue Saint-Sauveur, 2e]

# Un burger face à Molière

**40** À deux pas du Palais-Royal, à l'angle des rues de Richelieu et Molière, se trouve une minuscule place où trône la **fontaine Molière** [place Mireille, 1er], érigée en 1844 près de l'endroit où le célèbre dramaturge mourut en 1673 à l'âge de 51 ans, quelques heures après sa dernière représentation du *Malade imaginaire*. On s'arrête chez **Hand** [39 rue de Richelieu, 1er], restaurant américain dont raffolent les Parisiens. Asseyez-vous au bar, face à la fenêtre, pour admirer l'impressionnante statue de Molière en savourant un cheeseburger dégoulinant et des rondelles d'oignons revisitées. Une façon originale de combiner visite culturelle et plaisir décadent. Sachez que, depuis le XVIIe siècle, Molière demeure le plus joué et le plus lu des auteurs de comédie de la littérature française.

# David Mallett

**39** Voilà une adresse qu'on se refile de bouche-à-oreille lorsqu'on est de mèche avec les gens des hautes sphères de la mode. David Mallett est arrivé à Paris à l'âge de 27 ans et a ouvert les portes de son salon de coiffure «appartement» en 2004. Aujourd'hui, l'immense salon confidentiel, au style haussmannien, a triplé de surface. On aime la petite terrasse où l'on peut siroter un café pendant la coloration, le cabinet de soins sur mesure et la présence atypique d'une autruche empaillée. Pour une coupe, demandez Rishi, qui fait les cheveux des plus grands défilés de la Fashion Week à Paris, ou, évidemment, David, le coiffeur star lui-même! [14 rue Notre-Dame-des-Victoires, 2e]

## La place des Victoires

**41** Entre la rue Montorgueil et la place des Victoires, il y a une belle sélection de boutiques de mode. Pour compléter votre shopping, poursuivez votre balade jusqu'à l'élégante **place des Victoires**, circulaire, l'une de mes favorites à Paris, où trône la glorieuse statue équestre de Louis XIV. Vous y trouverez des créateurs de mode comme **Kenzo** [3 Place des Victoires, 1er] ou **Yohji Yamamoto** [25 rue du Louvre, 1er]. L'hôtel **Charlemagne** [1 Place des Victoires, 1er] est un hôtel particulier classé aux Monuments historiques. Dans une petite rue adjacente, le comptoir **Juice It** [8 rue de la Vrillière, 1er] ne se remarque pas au premier regard. Mais si vous observez bien, vous verrez quelques feuilles d'ananas et autres fruits et légumes dans la vitrine… C'est la marque des jus fraîchement pressés du quartier. À l'intérieur, un long comptoir, quelques tabourets, des jus, des salades vivantes et autres germinations à emporter.

## Le café-baguette

**42** Découvrir Paris, c'est aussi se laisser charmer par la fameuse tradition matinale du café-baguette. Surnommé «le café canadien» pour son décor rustique, le **Baguett's Café** remet l'art de la tradition française au goût du jour. Une baguette bien fraîche, des croissants évidemment, des confitures et du Nutella, un café, un chocolat chaud ou un thé pour y tremper le tout. De quoi se lever du bon pied! [33 rue de Richelieu, 1er]

## L'esprit Vivienne

**43** Dans les quartiers du Palais-Royal se trouve la charmante **galerie Vivienne** [6 rue Vivienne, 2e], un passage couvert incontournable. Par temps pluvieux ou en hiver, la galerie est éclairée et chauffée. Mangez dans le décor XIXe siècle du **Bistrot Vivienne** (A) [4 rue des Petits Champs, 2e], ouvert 7 jours sur 7, ce qui est plutôt rare à Paris. Le premier étage du restaurant est typiquement parisien, avec ses fauteuils de velours rouge et ses miroirs antiques. À l'intérieur de la galerie, il y a aussi **Legrand Filles & Fils** [1 rue de la Banque, 2e], une bonne adresse pour aller déguster une excellente sélection de vins et grands crus, qui possède sa propre boutique et école du vin. Un peu plus loin, arrêt obligatoire sous la coupole en verre de la rotonde de la **galerie Colbert**, un autre magnifique passage couvert parisien. La brasserie **Le Grand Colbert** (B) [2 rue Vivienne, 2e], adresse mythique à Paris, est souvent utilisée pour des tournages de cinéma. Toujours dans la rue Vivienne, sachez que c'est dans le très bel hôtel particulier du XVIIe siècle [no 16], l'ancien hôtel Colbert de Torcy, que se trouve depuis 2014 le siège de la maison de mode **Céline** (C). Les ateliers sont situés sous la verrière du dernier étage.

## Little Japan

**44** Pour profiter d'un vent d'Orient dans les rues parisiennes, dites : « Les Japonais de la rue Sainte-Anne.» Mieux : **Little Japan**. Le quadrilatère doré des ramen parisiennes. Ce plat traditionnel nippon fait un carton ici. De même que les gyozas (raviolis vapeur). D'ailleurs, Paris a même inauguré sa première «Ramen Week» en 2014, au cours de laquelle huit grands chefs nippons font déguster leurs meilleurs ramen partout dans la ville. Pour une ambiance tokyoïte, allez chez **Sapporo** (A) [37 rue Sainte-Anne, 1er] ou dans le petit **Kotteri Ramen Naritake** [31 rue des Petits Champs, 1er] et installez-vous au comptoir. Super réconfortant, dépaysant et pas cher du tout.

45

## Le Bistro Udon

**45** Petit frère du restaurant **Kunitoraya** [5 rue Villedo, 1er], adresse mythique du Little Japan, le **Udon Bistro Kunitoraya** [1 rue Villedo, 1er] est mon coup de cœur du quartier. Plus chic, tout en longueur avec tables en bois, tabourets et mur de briques, il nous propulse dans une ambiance new-yorkaise épurée où il fait bon manger un bol de nouilles udon (grosses nouilles japonaises traditionnelles fabriquées avec de la farine, de l'eau et du sel). Commandez un bol d'udon maison, servies avec sauce froide ou en bouillon chaud, le tout agrémenté de tofu frit, d'œufs de caille et d'algues. La recommandation du chef ? Le Kunitora-Udon et éminé de porc, radis, salsifis, le tout dans une soupe chaude au miso. Et respectez la règle de la maison : «Manger le udon en le sirotant ou le siroter en mangeant.» Slurp !

## La boulangerie japonaise

**46** Au cœur du quartier japonais, **Aki boulanger** propose des créations fusion entre la boulangerie traditionnelle française et les spécialités japonaises. Parmi les incontournables : le tiramisu au thé vert matcha, le gâteau Opéra au thé vert kabuki, l'éclair au yuzu, le paris-brest à l'azuki…, sans oublier le pain brioché «melon», un pain biscuit au lait et au thé vert. Bon à savoir : on y propose aussi des formules déjeuners. Bento et sandwichs à déguster sur place [16 rue Sainte-Anne, 1er].

45

## Le néo-café

**47** Niché en plein cœur du quartier japonais et de celui du Palais-Royal, le café **Télescope** fait partie de cette nouvelle vague de *coffee-shops* parisiens modernes. Loin du traditionnel café-terrasse, cet espace est composé d'un long comptoir et de quelques tables (10 places assises seulement). Une façade beige pastel, épurée, chic... C'est une adresse de quartier qu'on se refile de bouche-à-oreille pour aller savourer un excellent café (filtre, expresso, noisette, crème) et quelques biscuits (dites « cookie ») à l'abri des rues achalandées [5 rue Villedo, 1er].

## Le Centr'Halles Park

**48** Voici la **Canopée**. Le nouveau « ventre de Paris ». Oasis de verdure, l'espace se veut un lieu réservé aux enfants, à la culture et aux loisirs urbains, mais aussi un temple commercial. Après des années de démolitions, ce trou géant, autrefois le Forum des Halles, a rouvert au printemps 2016, entièrement rénové dans un esprit plus chic, branché et axé sur la mode parisienne. Amoureux de shopping, comptez 130 boutiques et une « canopée », c'est-à-dire une structure de fer et de verre qui recouvre les lieux. Mangez à la brasserie d'Alain Ducasse, **Champeaux**, directement sous la canopée, et chez **Za**, le café littéraire de Fabienne et Philippe Amzalak dessiné par Philippe Starck. Côté jardin, en dehors de la canopée, testez cette activité unique à Paris : le Parkour, discipline sportive née en France dans les années 1980. Le pacte : aller d'un point A à un point B le plus efficacement et le plus rapidement possible, dans une course d'obstacles. Course, sauts, escalade, équilibre, acrobaties. Un beau programme. [101 rue Berger, 1er]

48

——>>>> ★ <<<<——

# LE HAUT MARAIS
## et la
# MODE ÉMERGENTE

——>>>> ★ <<<<——

Repérer les boutiques bobos du haut Marais, explorer le néo-Carreau du Temple, s'imprégner de l'ambiance souk du marché des Enfants Rouges, redécouvrir l'indétrônable place des Vosges et apprécier les douceurs de l'île Saint-Louis.

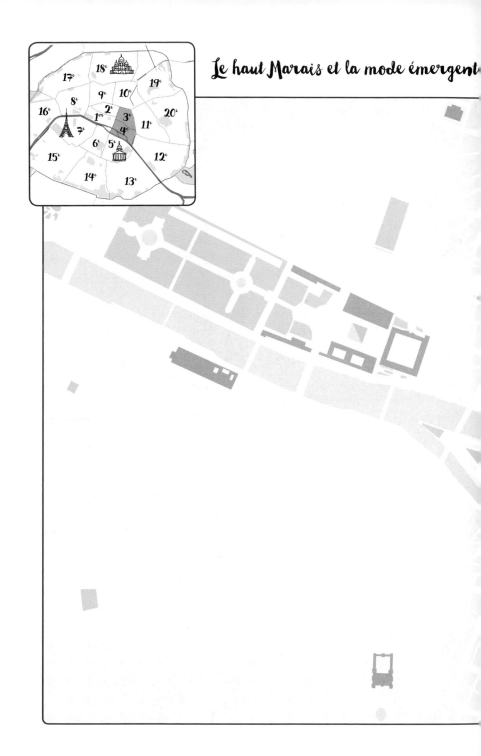

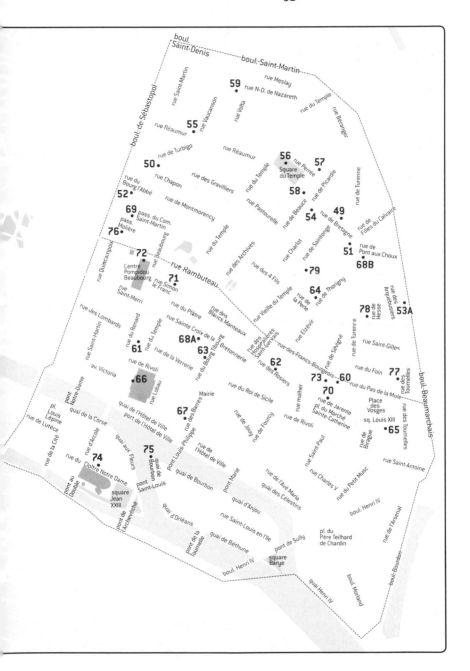

## Devenez un des leurs

Pour découvrir le vrai Paris, il faut devenir Parisien. Ce qui implique ces règles de base : pas de carte touristique, pas de chaussures tout-terrain, pas de sac à dos ni de gamelle ! Car même sous la torture, les Parisiens ne souffleront jamais leurs bons plans. Ils vous diront qu'ils ne connaissent pas le nom de la rue que vous cherchez ou ledit café, sachant pertinemment que si vous vous promenez dans la rue avec une carte de Paris, c'est que, forcément, vous n'êtes pas dans le coup. Ce qui fait courir les Parisiens, c'est la rareté, l'éphémère, le nombre de places limité et être parmi ceux qui savent (ou qui prétendent savoir).

# Le SOMA clandestin

**49** Situé au sud du Marais (SOMA, pour South Marais), **Candelaria** [52 rue de Saintonge, 3e] est un des bars à cocktails les plus atypiques de tout Paris. Mais d'abord, il faut trouver ! Repérez l'enseigne « tacos », un petit boui-boui *taqueria* (un lieu à tacos) ambiance mexicaine du sud. Vous penserez alors vous être trompé de lieu. Et c'est exactement le but ! Tout au fond de la cuisine, vous franchissez la porte : c'est là que se trouve le bar à cocktails. Le concept est inspiré des bars secrets où la fête se déroulait incognito au temps de la prohibition. Ambiance cosy en début de soirée et plus festive vers 22 h. Le *coffee shop* **Ob-La-Di** [no 54], juste à côté, vaut aussi le détour pour son carrelage bleu et blanc, ses confitures maison et sa tartine d'avocat. Situé dans la même rue, le **SÔMA** [no 13] est un néo-bistro japonais qui fait un carton grâce à son chef, Sourasack Phongphet,

originaire du Laos, qui est une star du quartier. Tempura de gambas, tartare de chinchard à la feuille de shisho, sashimis, salade d'algues, vapeur de coquillages au saké et, pour dessert, pain perdu franco-japonais. Installez-vous au comptoir pour ne rien manquer du spectacle culinaire !

# Les pépites de la rue des Gravilliers

**50** Cette petite rue ne paye pas de mine et pourtant, elle propose trois ambiances uniques qui valent le déplacement. **Le 404** [69 rue de Gravilliers, 3e] est mon restaurant marocain préféré. On y mange les meilleurs tagines d'agneau, poulet citron et couscous berbère dans une ambiance d'Afrique du Nord au décor de pierre incroyable. C'est un voyage en soi. Je vous conseille fortement de réserver. Vous pouvez privatiser le petit lounge au 2e étage (10 places) pour un anniversaire. Ambiance garantie ! Situé dans la cour arrière du 404, le **Derrière** [no 69] ne manque pas d'originalité. Vous y mangerez dans différentes pièces de la maison (salon, chambre à coucher, cuisine). Au deuxième étage se trouve une vieille armoire de bois : ouvrez la porte, traversez et accédez au fumoir au décor baroque de vieux château. **La Trinquette** [no 67] est un caviste qui se spécialise dans les vins du Languedoc. On y prend l'apéro accompagné d'une « planche » de fromages et de charcuteries de pays. Le lieu est situé dans une ancienne fabrique historique de... cannes et de manches de parapluie.

## La boutique-destination

**51** La tendance du « multimarques » (dites : *concept store*), où il fait bon aller flâner pour découvrir des pépites, fait de plus en plus d'adeptes à Paris. Parmi les noms à retenir : **FrenchTrotters**, un concept lancé par Carole et Clarent Dehlouz en 2005. Située au centre du haut Marais, cette seconde boutique sur deux étages propose une belle sélection de vêtements pour hommes et femmes, objets design, cosmétiques, magazines, chaussures. La boutique possède aussi sa propre marque de prêt-à-porter, dont une ligne de jean, le tout entièrement fabriqué à Paris. [128 rue Vieille du Temple, 3$^e$]

## Un jacuzzi la nuit

**52** Ancienne boîte de nuit parisienne mythique, Les Bains Paris (dits Les Bains) a fermé ses portes en 2010 avant de faire son grand retour le printemps dernier dans un décor ultra design entièrement redessiné. Le lieu est à la fois restaurant, spa et hôtel. On mange d'abord à **La Salle-à-manger** dans un décor *glossy* rouge bordeaux. En plat, on savoure l'exquis médaillon de lotte pakchoï et son infusion kéfir, puis on descend au sous-sol pour danser sur le chic damier noir et blanc signé Philippe Starck. La piscine-hammam bleue (originale des lieux) est toujours dans la boîte de nuit. Quelques coupes de champagne et... plouf ! *Make-up waterproof* requis. [7 rue du Bourg-l'Abbé, 3$^e$]

## L'alimentation concept

**53** Au cœur du quartier du Marais se trouvent de nouvelles épiceries qui revisitent le concept des marchés d'alimentation. C'est le cas de **Bien l'Épicerie** [20 rue Saint-Gilles, 3$^e$], une épicerie gourmet spécialisée dans les produits biologiques et naturels. La **Maison Plisson** (A) [93 boulevard Beaumarchais, 3$^e$] est aussi digne de mention. Des charcuteries, une cave à vin, une fromagerie, un café, une terrasse, un comptoir à emporter... Chaque produit est sélectionné selon une dégustation à l'aveugle parmi les meilleurs éleveurs et producteurs de France et d'Europe. La plupart des produits sont des exclusivités à Paris. Profitez de cette balade pour faire un arrêt au célèbre *concept-store* **Merci** [n° 111], le magasin dit solidaire, où 100 % des bénéfices sont reversés, via une fondation, à des associations qui aident les femmes et les enfants de Madagascar. Dénichez quelques exclusivités mode et design et flânez sur les trois étages sous verrière. Le café des lieux possède une bibliothèque de 10 000 livres d'occasion. À quelques pas, se trouve **Grazie** [n° 91], une de mes pizzerias favorites à Paris pour son décor industriel à l'esprit new-yorkais.

53A

# Le souk des Enfants Rouges

**54** Envie d'un voyage des sens et d'une ambiance souk multiculturelle en plein cœur du haut Marais ? Créé en 1628, le **marché des Enfants Rouges** [39 rue de Bretagne, 3ᵉ] est le plus vieux marché couvert de Paris. J'adore y manger en terrasse le midi ou bruncher entre amis le week-end. Je vous recommande les tagines et couscous du traiteur marocain, les bentos du japonais **Taeko** et les pâtes de l'italien **Mangiamo italiano**. Installez-vous à une table, savourez l'instant, oubliez tout. L'ambiance est unique et décontractée. Profitez-en pour faire quelques courses ou acheter des fleurs ou des épices. Dans le quartier se trouvent aussi de bonnes adresses *foodies* telle **Mmmozza** (A) [57 rue de Bretagne, 3ᵉ], une petite fromagerie spécialisée dans la mozzarella italienne et burrata di bufala, à déguster sur place ou à emporter. À tomber.

54 A

56

## Le métro arty

**55** Si certaines stations de métro sont affreuses, puantes et en décrépitude, d'autres nous réconcilient avec le transport en commun. Parmi mes coups de cœur du métro parisien, la station Arts et Métiers du 3e arrondissement, toute de cuivre fuselée, ambiance science-fiction, et signée par l'artiste François Schuiten. On s'y sent comme dans un sous-marin avec des hublots. À partir d'ici, vous pouvez aller visiter le **Musée des arts et métiers** [60 rue Réaumur, 3e], situé dans l'abbaye de Saint-Martin-des-Champs, qui se spécialise dans l'histoire des techniques et du patrimoine industriel de Paris.

## Le poumon du haut Marais

**56** Dans cette partie centrale de Paris, où il y a très peu d'espaces verts, le square du temple arrive comme une oasis de fraîcheur et d'oxygène. Posez-vous un instant sur un banc de parc ou sur la pelouse près d'une fontaine ou d'un bassin. Observez à travers les feuillages la richesse architecturale des immeubles haussmanniens. Les arbres y sont magnifiques et on y trouve notamment un noisetier de Byzance, un ginkgo biloba et un cèdre de Chine. Le square détient le label « espaces verts écologiques » décerné par Écocert. [64 rue de Bretagne, 3e]

55

# Le Carreau bobo

**57** Derrière l'agitation de la rue de Bretagne se trouve une place que j'affectionne particulièrement, le Carreau du Temple. Déjà pour cette superbe structure métallique sous verrière datant du XIXᵉ siècle, fraîchement restaurée, devenue un haut lieu de défilés de mode, salons, expositions en tout genre. Tout autour sont venus s'agglomérer des petits restaurants et boutiques concepts en vogue. **Mme Shawn** [18 rue Caffarelli, 3ᵉ], un thaïlandais savoureux iconique ; et **PNY** (**Paris-New York**) [1 rue Perrée, 3ᵉ], troisième enseigne parisienne de ce spécialiste du hamburger. Son décor très flamant rose rappelle les *diners* rétro hollywoodiens. Mangez le classique de la maison : le *The Return of The Cowboy*. Le **Broken Arm** (A) [12 rue Perrée, 3ᵉ], ultra lumineux et design, est un *concept store* rempli de fringues, bouquins, meubles et chaussures triés sur le volet, dans lequel on peut aussi casser la croûte. **Le Barav** [6 rue Charles-François Dupuis, 3ᵉ] est à découvrir pour ses bons vins et planches de charcuteries. Le **Season** [1 rue Charles-François Dupuis, 3ᵉ], dans une ambiance épurée scandinave, est un lieu hybride, entre bar à jus, néo-bistro et comptoir à emporter. Le menu est conçu par un chef anglais et une naturopathe spécialiste du sans gluten. Le **Nanashi** (B) [57 rue Charlot, 3ᵉ] arrive en tête de liste pour un bento japonais dans un cadre épuré parisien. Le **Café Pinson** [6 rue du Forez, 3ᵉ], une institution, pour une salade ou un jus santé dans une ambiance branchée décontractée. **Les Chouettes** [32 rue de Picardie, 3ᵉ], anciennement Café Rouge, s'est aussi refait une beauté au cours des dernières années et attire la jeunesse dorée avec son décor Eiffel de 20 m de haut sur deux étages et sous une verrière magnifique.

## La rue de Bretagne

**58** La rue de Bretagne est l'épicentre du haut Marais : une rue commerçante typiquement parisienne avec son fromager, son boucher, sa librairie, ses cafés, ses terrasses... L'ambiance est de type jeune bourgeois bohème et on y croise des gens de la mode, du design, du cinéma. Adresse mythique du quartier, **Chez Omar** [47 rue de Bretagne, 3e] est réputé pour servir l'un des meilleurs couscous de Paris dans un décor de brasserie parisienne. La pâtisserie **Bontemps** (A) [n° 57] se spécialise dans les sablés fourrés déclinés en plusieurs parfums. Le **Café Charlot** [n° 38] est le QG des habitants du coin. Avec sa terrasse ensoleillée, c'est le lieu idéal pour voir et être vu, capter l'énergie vibrante du quartier et refaire le monde à toute heure de la journée. Les brocantes annuelles, au printemps et à l'automne, attirent une foule de chineurs et de fins collectionneurs. Tout au bout, à l'angle de la rue Vieille du Temple, se trouve la terrasse du bistro **Le Progrès** [n° 1], un haut lieu de rendez-vous de la jeunesse du Marais pour un apéro bien arrosé dans une super ambiance, accompagné de planches mixtes.

## Les créatifs de NOMA

**59** Pour dénicher des petites marques de créateurs, je vous conseille de monter un peu dans NOMA (Nord du Marais) afin de découvrir la rue Notre-Dame-de-Nazareth, ancienne rue de commerce du textile située tout près de la place de la République, une rue émergente qui bouillonne de projets créatifs et alternatifs. La boutique **Beau Bien** [21 rue Notre-Dame-de-Nazareth, 3e], devenue le *hot spot* de la gent masculine, est une multimarque avec une belle sélection de vêtements pour hommes. Vous trouverez chez **Wait** [n° 9], une boutique ambiance surf, des lunettes en bois originales et des lignes exclusivement réalisées en Bretagne. La librairie **LO/A** [n° 17] recèle des ouvrages anciens et contemporains pour alimenter la créativité des dénicheurs de tendances. Le **Nord Marais** (A) [n° 39] est le restaurant à tester absolument et la cantine de la faune mode artistique du quartier. Le soir, on y mange d'excellents tapas et des planches mixtes concoctés par Pierre Warrin qui a fait ses armes auprès de la chef star Hélène Darrose.

58A 59A

## Shopping bourgeois

**60** Le quartier du Marais est en pleine mutation et pris d'assaut par les grandes marques de luxe. On l'appelle d'ailleurs le « nouveau Triangle d'Or ». Ce n'est donc pas l'endroit pour dénicher des aubaines (sauf, avec un peu de chance, dans les friperies), mais pour faire du lèche-vitrine dans un labyrinthe de rues aux façades revampées. Pendant que la rue des Archives accueille les marques de mode telles que **Givenchy** [13 rue des Archives, 4e] et **Fendi** [no 9], la rue des Francs Bourgeois est la nouvelle destination de la haute beauté. **Chanel** y a pris ses quartiers avec sa boutique-beauté, aux côtés de **Guerlain**, **Diptyque**, **Jo Malone**, **L'Occitane**, **Kiehl's**, **Mac** et **Bobbi Brown** [rue des Francs Bourgeois entre les nos 1 et 17, 4e]. Moins clinquante et plus naturelle, une marque parisienne à découvrir est **Huygens** (A) [24 rue du Temple, 4e], qui propose des produits pour le corps mélangés avec l'huile essentielle de votre choix dans un espace laboratoire.

## Les meilleures friperies

**61** Les friperies abondent dans le Marais et permettent aux chineuses de faire de vraies trouvailles. La plus célèbre est **Free'P'Star** [20 rue de Rivoli, 4e], un vrai pêle-mêle de sacs, bottes et robes vintage tout droit sortis des vieux placards ! Dans la boutique, ça sent le vieux et le fond de coffre. Les prix sont abordables et de belles pièces peuvent y être dénichées si vous venez régulièrement. Le concept de **Kilo Shop** (A) [69-71 rue de la Verrerie, 4e] est aussi original dans son genre. Plutôt que de mettre un prix sur chaque pièce, on paye ses fringues au poids (30 euros le kilo de robes et 20 euros le kilo de t-shirts). Voilà qui pourrait vous occuper quelques heures... si vous aimez fouiller !

## Comme à Tel Aviv

**62** Situé au cœur du *Pletzl*, le quartier juif de Paris, **Miznon** [22 rue des Écouffes, 4e] a la réputation d'être le nouveau meilleur pita de Paris. Miznon ? Traduisez par « buffet » en hébreu. La carte est inscrite sur un grand tableau ; vous commandez et lorsque votre pita (ou vos pitot) est prêt, on vous appelle par votre nom. Entre le kebab d'agneau et le pita choco-banane, mon cœur balance ! Vous êtes aussi au cœur du quadrilatère doré des fallafels. **L'As du Fallafel** [32-34 rue des Rosiers, 4e], une légende du quartier, est dans les guides touristiques du monde entier ainsi que plusieurs autres « rois du fallafel » qui se partagent le butin de l'affluente présence d'amateurs de pitot aux boules de pois chiches. À déguster sur place, dans la cohue, ou au calme, sur un banc du **Jardins des Rosiers** [10 rue des Rosiers].

## L'hôtel Bourg Tibourg

**63** Pour les amoureux d'hôtels-boutiques et du style feutré opulent de l'architecte et décorateur Jacques Garcia, voici un petit cocon intime de 30 chambres de taille disons assez petite, mais très charmantes. Un vrai petit bijou aux détails raffinés, élégants et chaleureux, qui donne envie de déguster un cognac ou une coupe de champagne en lisant un des livres de la bibliothèque : Marcel Proust, Oscar Wilde, Jean Cocteau. [19 rue du Bourg Tibourg, 4e]

## Le musée Picasso

**64** Si le Marais n'était pas une destination musée, le musée Picasso a littéralement changé la donne depuis sa réouverture en 2014. Situé dans l'hôtel Salé, l'un des plus grands hôtels particuliers du XVIIe siècle, il retrace l'histoire et les influences du génie tantôt sculpteur, céramiste, peintre, écrivain ou photographe, dans un parcours chronologique d'un étage à l'autre. Des œuvres majeures de l'artiste à certaines de ses créations moins connues, les lieux historiques complètement repensés comptent plus de 5000 pièces réparties dans 37 salles. Les caves voûtées sont particulièrement impressionnantes. [5 rue de Thorigny, 3e]

## L'âme de Victor Hugo

**65** C'est au cœur de la sublime place des Vosges que l'écrivain Victor Hugo a écrit plusieurs de ses œuvres, dont *Les Misérables*. De 1832 à 1848, il a vécu au deuxième étage d'un très bel hôtel particulier qu'il est possible de visiter. L'appartement-musée retrace l'enfance de l'auteur. On peut y découvrir le salon rouge, une superbe salle de réception dans laquelle il recevait ses invités, et le salon chinois qui nous permet de constater sa passion pour la brocante et la décoration. Une de ses tables d'écriture, faite sur mesure, car Victor Hugo écrivait debout, s'y trouve encore. Un lieu à voir pour capter l'âme de l'artiste inhumé au Panthéon, dans le 5e arrondissement. [6 place des Vosges, 4e]

## La bibliothèque de l'hôtel de ville

**66** Qui n'a pas vu *Le Baiser de l'hôtel de ville*, cette célèbre photographie en noir et blanc du photographe Robert Doisneau ? L'hôtel de ville est l'un de mes monuments favoris à Paris. J'adore apercevoir ses façades sous le soleil, sous la pluie, avec son carrousel, ses fontaines en été et sa patinoire en hiver. C'est un peu le Rockefeller Center de Paris. Le lieu possède aussi plusieurs secrets, dont la somptueuse salle des fêtes, située au deuxième étage et inspirée de la galerie des Glaces à Versailles. Ma favorite demeure néanmoins la salle de lecture de la bibliothèque, située au cinquième étage, et conçue par l'architecte Édouard Deperthes, avec la collaboration de Gustave Eiffel. Sa structure métallique est recouverte de boiseries d'époque qui sont classées aux monuments historiques. [5 rue de Lobau, 4e]

## L'ambiance provinciale de la rue des Barres

**67** À deux pas de la Seine, au pied de l'église gothique Saint-Gervais, se trouve la rue des Barres, une petite rue piétonne pleine de charme où j'adore manger au calme. Ici règne une ambiance de village du Moyen Âge. J'aime me poser sur la terrasse de **L'Ébouillanté** (A) [6 rue des Barres, 4e] pour un brunch ensoleillé en toute simplicité, ou **Chez Julien** [1 rue du Pont Louis-Philippe, 4e], un bistro chic très romantique. Le petit salon privé, situé au deuxième étage, est parfait pour un anniversaire ou une soirée plus intime entre amis. De la terrasse, on voit l'île Saint-Louis. Il y a aussi à proximité l'auberge de jeunesse **MIJE Fourcy** [6 rue de Fourcy, 4e], dans une ancienne demeure, très bien située et parfaite pour les petits budgets.

67 A

## Un brunch du dimanche

**68** Les Parisiens adorent aller bruncher. Le brunch parisien consiste en une assiette dans laquelle se trouvent une série de petits plats : œufs, saumon fumé, crêpe, granola, salade, pommes de terre, pain, charcuteries, fruits... La tendance du petit-déjeuner à l'américaine s'implante de plus en plus et les Parisiens raffolent des œufs à la bénédictine. Malheureusement, il est difficile d'en trouver de très bons à Paris. Cela dit, la formule créative et les recettes de **Benedict** [19 rue Sainte-Croix-de-la-Bretonnerie, 4e] se distinguent. On y propose des œufs pochés à toutes les sauces, dans un très beau décor sous verrière. Une autre très bonne adresse à tester pour le brunch est le **Rachel's** [25 rue du Pont aux Choux, 3e], qui a ouvert son premier restaurant après avoir lancé son concept de pâtisserie et remporté le prix du meilleur cheese-cake de Paris.

68

## La pimentitude

**69** On reproche souvent aux restaurants parisiens de manquer d'originalité et de proposer la même carte, où que l'on soit. Voici un concept qui ne manque pas de piquant ! **Trois Fois Plus De Piment** nous permet de choisir le degré de piquant dans notre bol de nouilles sichuanaises, sur une échelle de 1 à 5 (1 n'étant évidemment pas épicé et 5 vous fera rougir comme un homard et vider la bouteille d'eau au complet !). Pour savoir quelle dose choisir, regardez la tête du voisin (rouge, bleue ou violette ?) ou demandez à la serveuse de vous conseiller. Tout est délicieux et les raviolis sont faits maison. [184 rue Saint-Martin, 4e]

## Une soirée à La Mangerie

**70** **La Mangerie** est située dans une petite rue paisible. Serge, le patron, fera tout pour que vous vous sentiez comme à la maison. Prenez l'apéro au bar avec quelques tapas et observez la décoration. Un vélo accroché au mur, des petites pièces cachées... Traversez le placard et arrivez dans une autre pièce. Ambiance jardin, avec un arbre au centre et des plantes au mur. On vous installera à une grande table avec d'autres convives et vous commanderez une série de tapas à partager. Aucun doute, vous passerez un très beau moment ! [7 rue de Jarente, 4e]

## La terrasse de rêve

**71** À l'arrivée des beaux jours, l'éternelle quête du Parisien est de trouver la plus belle terrasse confidentielle. Situé dans une magnifique cour pavée classée monument historique, le **Grand Cœur** vous fera chavirer avec son décor sous arcades de pierres et poutres apparentes. On y va le jour en terrasse pour un déjeuner au calme, ou le soir pour savourer un excellent tartare-frites à la lueur des bougies. Romantique à souhait. [41 rue du Temple, 4e]

## L'ascenseur rouge du Centre Pompidou

**72** Si vous aimez les musées, les films et les expos, le Centre Pompidou est évidemment un *must* avec sa structure moderne et colorée. Le lieu possède l'une des trois plus importantes collections d'art moderne et contemporain au monde avec celles du Museum of Modern Art de New York et de la Tate Modern de Londres. L'entrée centrale est payante et vous donne accès à toutes les salles pour voir les expos. Pour prendre un peu de hauteur, j'adore emprunter l'ascenseur rouge qui mène au **Georges**, le restaurant situé tout en haut. Le lieu possède un design unique et chaque table est ornée d'une rose magnifique. De loin l'une des plus grandes terrasses sur les toits de Paris, où l'on peut profiter d'une vue panoramique de la tour Eiffel jusqu'au Sacré-Cœur, l'Opéra Garnier, Notre-Dame de Paris. [6e étage, palais Beaubourg, place Georges Pompidou, 4e]

## Les bons « stocks »

**73** À Paris, il est toujours préférable de faire vos achats en solde ou bien dans les boutiques Stock qui proposent des pièces à rabais. Incontournable de la mode parisienne au style rock et romantique, le **Stock Sandro** [26 rue de Sévigné, 4e], au cœur du Marais, propose des escomptes allant jusqu'à 40 % sur la collection et la saison précédentes. Dans le quartier, vous trouverez aussi les **Stocks Azzedine Alaïa** [18 rue de la Verrerie, 4e], roi de la maille sexy, adulé des célébrités ; et, tout près, **le Stock Zadig & Voltaire** [22 rue du Bourg Tibourg, 4e], parfait pour dénicher un petit sac ou une veste de cuir en rabais de la marque rock chic dont raffolent les Parisiennes.

## Le jardin de l'Hôtel-Dieu

**74** En plein cœur de l'île de la Cité, à deux pas de la cathédrale Notre-Dame de Paris, très touristique et toujours très achalandée, se trouve un très joli jardin situé dans la cour intérieure de l'**Hôtel-Dieu**. C'est un bon endroit pour retrouver un peu de quiétude au cœur de la capitale. C'est aussi l'entrée de l'**Hôtel Hospitel**, situé au sixième étage de l'hôpital, qui propose 14 chambres simples et confortables à prix modique, dont certaines offrent une vue sur Notre-Dame de Paris. [1 parvis Notre-Dame – place Jean-Paul-II, 4e]

## La plus belle vue de l'île Saint-Louis

**75** La place Louis Aragon, située au bout de l'île, côté quai de Bourbon, est un lieu moins touristique que fréquentent les habitants de l'île Saint-Louis. Entièrement pavée, elle offre quelques bancs pour se prélasser sous les arbres, sur les berges de la Seine. Sur une des plaques de la rue, on peut lire ces quelques vers : « Connaissez-vous l'île / Au cœur de la ville / Où tout est tranquille / Éternellement. » [Place Louis Aragon, quai de Bourbon, 4e]

*« Errer est humain, flâner est parisien. »*
Victor Hugo

72

76

## Le passage des poètes

**76** Situé dans le quartier de l'Horloge, le passage Molière a conservé une ambiance très poétique. On le surnomme le « passage de l'encre » et il est tout petit. C'est ici que se trouvent la Maison de la Poésie et le Théâtre Molière. Ce lieu, qui dispose de deux salles de spectacle et d'un très joli théâtre à l'italienne, s'intéresse aux poètes vivants, ce qui est rarissime. On y accède à partir de la rue Saint-Martin [n° 157, 3ᵉ] ou de la rue Quincampoix [n° 82, 3ᵉ].

## La terrasse provençale

**77** À quelques pas de la place des Vosges, dans une rue où vous n'auriez jamais pensé mettre les pieds, le bistrot **Chez Janou** semble tout droit sorti d'un village du sud de la France et constitue l'une des plus charmantes adresses du Marais. Aucune voiture (d'ailleurs, votre taxi se perdra sûrement !), presque aucun passant, et aucune réservation possible en terrasse (évidemment), mais vous pouvez boire un verre au bar, à l'intérieur, en attendant de savourer votre thon à la provençale ou le bar grillé au pistou. [2 rue Roger Verlomme, 3ᵉ]

78

## Le jardin de roses secret

**78** C'est un tout petit square caché, le square Saint-Gilles Grand Veneur. La première fois, j'y suis arrivée par hasard, perdue dans le dédale des ruelles du Marais. Comme par enchantement, je suis tombée sous le charme des innombrables variétés de roses et des pelouses dissimulées sous les arches de rosiers. On y trouve quelques bancs et des gens du quartier installés pour lire au calme ou faire un pique-nique. Vous êtes à la fois au cœur et à l'écart de tout. C'est ici que fleurit la fameuse rose Catherine Deneuve, et on y voit la très belle façade de l'hôtel d'Ecquevilly, construit en 1637. [Rue de Hesse, 3e]

## La meilleure galette

**79** Breizh est devenu une institution de la galette en France et au Japon. Le lien entre les deux ? Une belle histoire d'amour. Le propriétaire, Bertrand, a épousé une Japonaise. Ensemble, ils sont partis vivre à Tokyo avant de revenir s'installer à Paris et d'ouvrir le **Breizh Café** qui met en valeur le savoir-faire de la crêpe bretonne avec une savoureuse touche tokyoïte. Venez y déguster une délicieuse galette de sarrasin farcie aux épinards, œuf miroir, fromage râpé. À finir avec une crêpe beurre sucre, une crêpe citron et un verre de cidre. [109 rue Vieille du Temple, 3e]

→→→→ ★ ←←←←

# LE PANTHÉON
## et le
# QUARTIER CHINOIS

Explorer le bas Mouffetard, se lover dans les arènes de Lutèce, descendre dans la crypte du Panthéon, se régénérer près d'un arbre centenaire au Jardin des Plantes, manger un phô authentique dans le quartier chinois et danser sur un toit à ciel ouvert sur le quai d'Austerlitz.

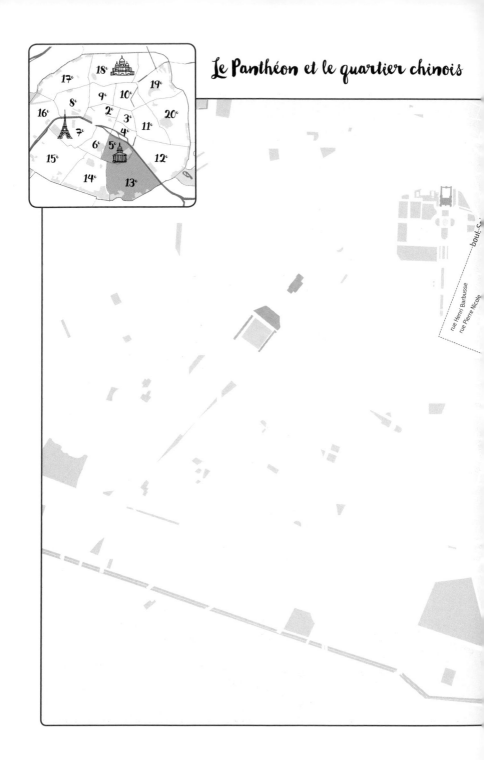

## Le Panthéon et le quartier chinois

17ᵉ
18ᵉ
19ᵉ
9ᵉ
10ᵉ
16ᵉ
8ᵉ
2ᵉ
20ᵉ
3ᵉ
7ᵉ
4ᵉ
11ᵉ
6ᵉ
5ᵉ
15ᵉ
12ᵉ
14ᵉ
13ᵉ

rue Henri Barbusse
rue Pierre Nicole
boul.-S.-

## Mouffetard-à-emporter

**80** La rue Mouffetard, l'une des plus anciennes de Paris, date de l'époque romaine. C'est un lieu plutôt touristique, mais aussi très jeune, car l'Université de la Sorbonne Nouvelle est juste à côté. Le soir, l'atmosphère est festive et très animée. Commencez votre visite par le bas Mouffetard, place Saint-Médard. Posez-vous un instant au **Café Saint Médard** [53 rue Censier, 5e], rendez-vous des gens du quartier. Empruntez ensuite la rue Mouffetard, piétonne, qui étonne par son dénivelé. Achetez un incroyable millefeuille chez **Carl Marletti** [51 rue Censier, 5e], l'ancien chef pâtissier du célèbre Café de la Paix, place de l'Opéra, ou faites comme les habitués et arrêtez-vous dans les petits comptoirs à emporter. Crêpe délicieuse, salée ou sucrée, chez **Oroyona** [36 rue Mouffetard, 5e] où les prix sont imbattables. Juste en face, se trouve **Dose** (A) [73 rue Mouffetard, 5e], un nouveau concept de « *dealer* de café », qui possède une seconde adresse dans le quartier des Batignolles. Par la petite fenêtre qui donne sur la rue, commandez un café, un jus ou une collation à emporter, ou installez-vous sur la terrasse située dans le passage adjacent. Tout en haut de la rue on tombe sur la très connue **place de la Contrescarpe** bordée de cafés et de bars, d'arbres et de fontaines en été. Vous êtes à l'épicentre du 5e arrondissement. Juste derrière la place se trouve **Bonjour Vietnam** [6 rue Thouin, 5e], le meilleur vietnamien de la Contrescarpe. Il faut s'y prendre à l'avance pour avoir une place, mais on s'y sent comme à la maison. Ne soyez pas pressé, sachez que tout est frais et préparé sur place avec amour, dont la traditionnelle soupe phô au bœuf et aux nouilles, la salade de mangue verte au crabe ou de papaye verte aux crevettes.

81A

## Les alcôves des arènes de Lutèce

**81** Voici sûrement l'un des lieux les plus atypiques de la ville. Construit au I$^{er}$ siècle, cet amphithéâtre gallo-romain était jadis une scène pour les représentations théâtrales et les combats de gladiateurs. Aujourd'hui, les gens viennent aux **Arènes de Lutèce** [49 rue Monge, 5$^e$] pour jouer au foot, se balader avec leurs enfants ou, mieux, se lover dans les alcôves de pierre en amoureux pour profiter des rayons du soleil. La plupart des Parisiens n'y ont jamais mis les pieds. Baladez-vous dans ces vestiges à ciel ouvert, c'est gratuit, idéal pour un pique-nique et absolument magnifique. À la sortie se trouve la sublime façade bleue du **Paris Jazz Corner** (A) [5 rue de Navarre, 5$^e$], l'un des meilleurs disquaires en France pour les amoureux de vinyles et d'ouvrages sur le jazz.

À LA PARISIENNE

## Rire comme un Parisien

À Paris, l'optimisme se cultive par le pessimisme. Il est probable que votre enthousiasme d'étranger émerveillé dérange la quiétude des lieux. Sourire à tous sans raison précise vous fera à coup sûr passer pour un idiot. Dans les restaurants, remarquez qu'on ne rit jamais à gorge déployée. Comprenez: ça dérange les voisins de la table d'à côté. Il faut pratiquer le rire étouffé (main devant la bouche, pour que personne ne voie que vous vous amusez). Mais, surtout... ne changez rien et riez encore plus fort. Au final, ils adorent.

# La Grande Mosquée

**82** Si vous êtes près du Panthéon et des arènes de Lutèce, faites un léger détour (5 minutes à pied) pour visiter la **Grande Mosquée**. C'est un lieu unique avec une âme, un voyage en soi, un trésor à découvrir. Pour 1 euro, pénétrez au cœur de l'art hispano-mauresque, visitez les jardins et les salles de prière de ce lieu de culte. J'adore y aller pour le hammam ou, en été, pour une parenthèse orientale et savourer un thé et une pâtisserie sur une table de mosaïques bleues autour d'une fontaine. [2 bis place du Puits de l'Ermite, 5ᵉ]

## Le Jardin des Plantes

**83** Pour fuir le vrombissement des voitures, je me réfugie souvent dans cet antre de la nature. Accédez au **Jardin des Plantes** par le portail du **Muséum national d'histoire naturelle** [57 rue Cuvier, 5ᵉ]. Faites quelques pas et admirez un *Platanus hispanica* planté par Buffon en 1785. Ses racines sont si puissantes que des passants s'arrêtent pour le toucher, ressentir son énergie et s'imprégner de son infinie sagesse. Admirez le cèdre du Liban planté en 1734 par le botaniste Bernard de Jussieu. Prévoyez plusieurs heures pour visiter les grandes serres, la ménagerie et la galerie de minéralogie et de géologie qui compte l'une des collections les plus impressionnantes du monde. Marchez dans les allées bordées de fleurs qui éclosent au fil des saisons. Vous verrez souvent des expositions de photographies en plein air sur le thème de l'Homme et de la Nature.

## Le Néo-Austerlitz

**84** Juste en face du Jardin des Plantes se trouvent le **quai** et la **gare d'Austerlitz**. Ce métro aérien évoque pour moi un autre Paris, plus industriel. Tout près, visitez la **Cité de la mode et du design**. C'est ici que se tiennent de nombreux défilés lors de la Fashion Week de Paris. À l'intérieur, plusieurs restaurants branchés, dont le **M.O.B.**, un fast-food vegan qui propose des burgers sans viande. Tout y est bio et la devise est : « Se faire du bien en faisant du bien à la planète. » Décor atypique, style loft industriel, avec vue sur la Seine. Pour faire la fête à ciel ouvert, le **Nüba** (A) est une boîte de nuit située sur le toit de la Cité de la mode. D'architecture contemporaine, la structure verte en relief, signature des lieux, s'illumine à la tombée de la nuit, et l'immense terrasse se remplit à craquer. L'ambiance est très festive grâce à des groupes de musique *live*, à une cantine et à tout ce qu'il faut pour faire la fiesta. [34 quai d'Austerlitz, 13e]

84A

## La Dame à la licorne

**85** Si le Louvre a sa Joconde, le **musée de Cluny** possède sa Dame à la licorne. Constitué de six tapisseries datant de l'an 1500, ce chef-d'œuvre est une réflexion sur les plaisirs des cinq sens et sur le concept du libre arbitre. Faut-il être esclave des plaisirs sensoriels éphémères ou s'élever dans la pureté de la licorne, figuration du Christ, de l'épée de Dieu et révélation divine? La pénombre apaisante préserve ces couleurs fabuleuses. Un éden à contempler encore et encore. [6 place Paul Painlevé, 5e]

## Rasa Yoga

**86** C'est mon studio de yoga favori à Paris. À deux pas de la cathédrale Notre-Dame et en plein cœur du Quartier latin, poussez la porte et marchez tout au fond de la cour. À l'intérieur, une ambiance zen, quelques vêtements et des tapis de yoga, des pierres et des lectures inspirantes. Le studio compte deux salles, dont une sous une magnifique verrière. On y organise régulièrement des ateliers avec des professeurs du monde entier. *Namasté.* [21 rue Saint-Jacques, 5e]

## L'âme de Soufflot

**87** Majestueux monument consacré aux grands hommes de France, le **Panthéon** (A) trône au sommet de la montagne Sainte-Geneviève, à côté de la Sorbonne. Un lieu puissant, signé par l'architecte Jacques-Germain Soufflot, dont le dôme impressionnant vous laissera bouche bée. Au sous-sol, la crypte est spectaculaire : un dédale de galeries où se trouvent les tombeaux de grands hommes de lettres tels que Victor Hugo, Voltaire, Descartes et Jean-Jacques Rousseau. Pour manger dans les parages, direction **Café Soufflot** [16 rue Soufflot, 5e], réputé pour son excellent tartare, ou **Little Cantine** [51 rue des Écoles, 5e] pour un savoureux burger maison avec option végétarienne. Plus atypique, **De Clercq, Les Rois de la Frite** [184 rue Saint-Jacques, 5e] est une vraie institution belge où affluent les étudiants. Ici, on ne mange que des frites fraîches préparées dans le plus grand respect de la tradition. Pour un repas romantique et une authentique cuisine traditionnelle française, direction **Le Coupe-Chou** [11 rue de Lanneau, 5e], une excellente adresse avec terrasse en été. Pour les soirées d'hiver, la salle au sous-sol possède une superbe cheminée.

87A

88

## Un chou face à Notre-Dame

**88** Coup de cœur pour **Odette Paris**, un minuscule comptoir où l'on déguste de succulents choux à la crème. Quand on entre, on croit qu'on ne pourra pas manger sur place, mais, surprise! Au premier se dressent quelques tables dans un espace minuscule mais plein de charme. Installez-vous près de la fenêtre qui donne sur la cathédrale Notre-Dame et savourez votre sélection (choux à la vanille, au chocolat, à la pistache, au café, au thé vert, au caramel au beurre salé, au citron, aux fruits des bois ou praliné). Bon à savoir: Frédéric Berthy a ouvert une seconde boutique dans le 1er arrondissement [18 rue Montorgueil, 1er]. Chouette! [77 rue Galande, 5e]

## Le plus vieil arbre de Paris

**89** Le **square René Viviani-Montebello** est un petit jardin qui a préservé sa quiétude authentique malgré le périmètre très touristique. J'adore aller m'y ressourcer après avoir traversé l'île de la Cité et le parvis achalandé de Notre-Dame. C'est ici que pousse le plus vieil arbre de Paris, un robinier venu d'Amérique du Nord et planté en 1601 par Jean Robin, botaniste et arboriste du roi, et directeur du jardin des Apothicaires. Si vous avez besoin de lectures cosmiques, juste à côté se trouve la superbe librairie ésotérique du groupe **Gibert Jeune** [23 quai Saint-Michel, 5e] avec ses cartes de tarot, ses ouvrages mystiques et sa riche sélection de livres de développement personnel absolument incroyable.

90A

## Une balade dans « Chinatown »

**90** Au cœur du 13e arrondissement, on découvre un autre continent : l'Asie, le paradis des soupes phô et du riz gluant. Très peu de Parisiens viennent jusqu'ici et c'est bien malheureux, car le quartier offre un voyage unique, loin du tartare-frites. Découvrez un autre Paris tout aussi magique qui porte le nom de Triangle de Choisy, délimité par le boulevard Masséna et les avenues de Choisy et d'Ivry. Outre Belleville et Little Japan, c'est ici que vit l'une des plus importantes populations d'origine chinoise, vietnamienne, cambodgienne et laotienne de la capitale. Le lieu vaut le détour pour ses temples bouddhistes et ses merveilleux restaurants asiatiques authentiques. Descendez au métro Tolbiac et mangez au **Lao Lane Xang 2** [102 avenue d'Ivry, 13e] pour y déguster d'exquis plats laotiens, thaïlandais et vietnamiens faits maison dans une ambiance plus chic. Pour une soupe phô authentique et un décor sans prétention, direction **Phô 18** (A) [18 rue Philibert Lucot, 13e]. Patrick Tan est Cambodgien et sa femme, Vietnamienne. Ensemble, ils tiennent ce restaurant depuis six ans. La spécialité est le phô, dont le secret est évidemment le bouillon concocté par le proprio lui-même. C'est ici qu'on m'a montré à manger le phô comme les Vietnamiens. On m'a aussi expliqué le rôle des herbes : de la menthe en hiver pour soulager la gorge et du basilic en été pour son action rafraîchissante.

# Le parcours de la Bièvre

**91** La Bièvre se jetait autrefois dans la Seine, à Paris, à la hauteur de la gare d'Austerlitz. Cette rivière du Vieux Paris, qui parcourait les 13e et 5e arrondissements, est maintenant entièrement recouverte. Il en reste quelques traces historiques à découvrir dans le 13e arrondissement. Le **parc Kellermann**, très peu connu mais sublime, a été inauguré en 1937 à l'emplacement des anciennes fortifications de Paris, sur l'ancien lit de la Bièvre. C'est un parc rempli d'histoire, agrémenté de jolies allées, d'un grand bassin et d'une cascade. Tout près, le **jardin du Moulin-de-la-Pointe** (A) rappelle la présence des moulins à eau de l'époque dans cette vallée de la Bièvre. Dans ce quartier, on voit plusieurs médaillons au sol portant les inscriptions « Ancien lit de la Bièvre »; « bras mort », « bras vif », « bras unique ». Une vraie chasse au trésor !

91 A

92A 92

## Les fresques à ciel ouvert

**92** Le 13e arrondissement est une mine d'or pour les amoureux de *street art*. Au détour d'une rue, levez les yeux au ciel : vous pourriez apercevoir des œuvres magnifiques sur les murs des immeubles. Il s'agit du projet Street Art 13 de la Galerie Itinerrance, un parcours de *street art* qui permet de découvrir le 13e arrondissement autrement. Au total, 16 *street-artistes* de 10 nationalités différentes ont réalisé 19 fresques murales. Ma favorite est la fresque de la place de Vénétie (A), signée Pantónio (Antonio Correia), qui représente une danse de poissons en mouvement. Il s'agit de la plus haute fresque d'Europe.

## La vie de village de la Butte-aux-Cailles

**93** Ici, tout le monde se connaît et se salue dans la rue. C'est une authentique vie de village pittoresque, préservée de l'affluence touristique. Voici, en rafale, des incontournables : le restaurant **Les Cailloux** [58 rue des Cinq Diamants, 13e], un italien revisité qui domine la Butte-aux-Cailles, où ont été tournées quelques scènes du film *La Délicatesse,* avec Audrey Tautou ; **Chez Gladines** (A) [30 rue des Cinq Diamants, 13e] est une vraie légende du quartier et propose une cuisine du Sud-Ouest... Pas de réservation possible, et parfois on peut attendre presque une heure pour avoir une table ! Sans oublier le classique couscous de **Chez Mamane** [27 rue des Cinq Diamants, 13e] ; la boutique de bijoux faits main, **Les Bijoux de Nico** [5 rue de la Butte aux Cailles, 13e] ; le supercaviste **La Cave du Moulin Vieux** [4 rue de la Butte aux Cailles, 13e] ; la **place Paul Verlaine** le long de la rue Bobillot, pour sa fontaine d'eau de source et ses deux terrains de pétanque ; la rue de la Butte aux Cailles et ses petits bars, dont **Le Merle Moqueur** [11 rue de la Butte aux Cailles, 13e], connu pour ses rhums pas chers (et pas très bons), mais servis dans une ambiance musique année 1980 très sympathique. Bonne virée !

→→→→★←←←←

# SAINT-GERMAIN
## et ses
# ALENTOURS

→→→→★←←←←

Flâner au jardin du Luxembourg, admirer la place Saint-Sulpice et le poème mural de Rimbaud, faire le plein de produits au marché bio Raspail, dessiner son chapeau personnalisé à La Cerise sur le Chapeau, se donner rendez-vous au Café de Flore pour l'apéro, prendre une bouchée à L'Avant Comptoir, finir à La Palette.

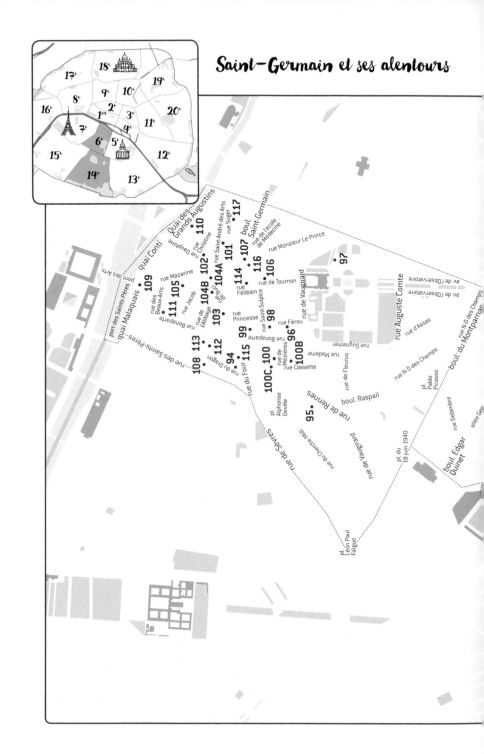

17e 18e 19e
8e 9e 10e
16e 2e 20e
1er 3e 11e
7e 4e
15e 6e 5e 12e
14e 13e

Quai des Grands Augustins
Quai Conti
quai Malaquais
port des Saints-Pères
pont des Arts
rue des Saints-Pères

rue Dauphine
rue Christine
rue Mazarine
rue des Beaux-Arts
rue Bonaparte
rue Jacob
rue de l'Abbaye
rue Bonaparte

rue Saint-André des Arts
rue Suger
boul. Saint-Germain
rue de l'école de Médecine
rue Monsieur Le Prince

rue Félibien
rue Princesse
rue Saint-Sulpice
rue de Tournon
rue Férou
rue de Vaugirard
rue Mézières
rue Cassette
rue Madame
rue Guynemer
rue de Fleurus

rue du Four
rue du Dragon
pl. Alphonse Deville
rue de Sèvres
rue du Cherche-Midi
rue de Vaugirard
rue de Rennes
boul. Raspail

rue Auguste Comte
av. de l'Observatoire
av. de l'Observatoire
rue N.D des Champs
rue d'Assas
rue N.D des Champs
boul. du Montparnasse
pl. Pablo Picasso
rue Delambre
allée Ge
pl. du 18 juin 1940
boul. Edgar Quinet
pl. Léon Paul Fargue

117
110
102
101 107
114 104A
104B 116 106
103 109 105 111
108 113 112 99 98
94 115 96
100C 100 100B
95
97

# Claire Courtin-Clarins
## La reine des jus

➨➤ ₀° ⫷⬅

**94** Claire Courtin-Clarins porte merveilleusement son nom : elle incarne la lumière, la clarté, la pureté. Petite fille de Jacques Courtin, fondateur de Clarins, et héritière de ce groupe avec sa sœur, Virginie, et ses cousines Jenna et Prisca, elle a lancé sa marque de jus, C'Juice, en décembre 2015, après son retour de New York où elle a vécu quelques années. « En vivant à New York, j'ai été très influencée par cette mode du *juicing* dont on parlait partout. Je me suis laissé tenter et suis devenue complètement accro. À mon retour en France, j'ai réalisé que la tendance des jus frais à base de légumes et de fruits n'était pas bien développée. J'ai voulu y remédier en créant un simple bar à jus en bas de chez moi, pour mon propre besoin et plaisir. » Elle ouvre sa première boutique en plein cœur de Saint-Germain-des-Prés, dans la rue du Dragon, dans le 6ᵉ arrondissement. « J'ai choisi le 6ᵉ, car c'est un quartier où l'on ne trouvait pas encore de bars à jus, la plupart d'entre eux étant situés sur l'autre rive, notamment dans le Marais. Pour la petite histoire, j'ai fait mes études à l'école artistique Penninghen, juste à côté de l'actuelle boutique **C'Juice** [21 rue du Dragon, 6ᵉ], dans la même rue, en fait ! J'en ai gardé de si bons souvenirs que, quand j'ai vu l'annonce de cet espace à louer, j'ai immédiatement contacté l'agence. » Dans cette capitale du café-baguette, la Parisienne est-elle « *healthy* », de façon générale ? « La Parisienne est de plus en plus attentive à son mode de vie et surtout à son alimentation. Je suis d'ailleurs agréablement surprise de constater chaque jour un tel mouvement et un tel changement », dit celle qui a goûté à son premier jus à l'âge de 10 ans. Elle raconte : « Nous étions à Miami, ma sœur, mon père et moi. Après une séance de patin à roues alignées sur la plage, notre père nous a emmenées dans un bar à jus minute. Il a commandé trois jus d'herbe. J'ai détesté ! Ma sœur aussi. Mais mon père adorait. Il nous a toujours imposé une alimentation très végétale, fraîche et biologique, associée aux activités sportives. Petite, je détestais cela, mais aujourd'hui je lui en suis particulièrement reconnaissante. » Son grand-père, Jacques Courtin, lui a transmis sa passion pour la nature et les plantes. Aujourd'hui, les jus santé de Claire sont faits de plantes infusées pour raviver l'éclat de la peau et la vitalité des cheveux et des ongles. La jeune femme partage maintenant sa vie entre Londres et Paris. « Lorsque je suis à Paris, j'aime baigner dans les endroits très parisiens, comme le **Café de Flore** [172 boulevard Saint-Germain, 6ᵉ], pour boire un verre avec des amis, dîner chez **Lipp** [151 boulevard Saint-Germain, 6ᵉ] avec mon amoureux pour admirer le magnifique décor d'origine et apprécier la nourriture parfaitement française. Pour ce qui est du shopping, j'aime **Céline** [16 rue de Grenelle, 7ᵉ], la **Maison Margiela** [13 rue de Grenelle, 7ᵉ] ou bien **Acne Studios** [1 quai Voltaire, 7ᵉ] sur les quais. Ma librairie préférée, **La Hune** [16 rue de l'Abbaye, 6ᵉ], propose une sélection très pointue de livres d'architecture et de design. »

Parfois, martyr lassé des pôles et des zones,
La mer dont le sanglot faisait mon roulis doux
Montait vers moi ses fleurs d'ombre aux ventouses jaunes
Et je restais, ainsi qu'une femme à genoux...

Presque île, ballottant sur mes bords les querelles
Et les fientes d'oiseaux clabaudeurs aux yeux blonds
Et je voguais, lorsqu'à travers mes liens frêles
Des noyés descendaient dormir, à reculons!

Or moi, bateau perdu sous les cheveux des anses,
Jeté par l'ouragan dans l'éther sans oiseau,
Moi dont les Monitors et les voiliers des Hanses
N'auraient pas repêché la carcasse ivre d'eau;

Libre, fumant, monté de brumes violettes,
Moi qui trouais le ciel rougeoyant comme un mur,
Qui porte, confiture exquise aux bons poètes,
Des lichens de soleil et des morves d'azur,

Qui courais, taché de lunules électriques,
Planche folle, escorté des hippocampes noirs,
Quand les juillets faisaient crouler à coups de triques
Les cieux ultramarins aux ardents entonnoirs;

## LE BATEAU IVRE
### ARTHUR RIMBAUD

**96**

# Le marché bio Raspail

**95** Amoureux d'aliments frais et organiques, d'œufs bios de poules en liberté et de produits locaux, le **marché bio Raspail** est à ajouter à votre parcours. C'est le plus grand des marchés bios de Paris. Sortez au métro Rennes et vous serez au cœur du marché, sur le terre-plein central du boulevard Raspail, entre les rues de Rennes et du Cherche-Midi. Arrivez tôt, car les meilleurs poissons partent rapidement et les gens font la queue les jours ensoleillés. Les prix sont assez élevés, mais la qualité des produits est irréprochable. [Boulevard Raspail, 6e]

# Le poème mural de Rimbaud

**96** Dans le cœur littéraire de Paris, rue Férou, entre la rue de Vaugirard et la place Saint-Sulpice, se cache un trésor: un mur entier recouvert des 100 vers du *Bateau ivre*, œuvre magistrale du poète Arthur Rimbaud. Les vers ont été calligraphiés par le peintre hollandais Jan Willem Bruins. Le 30 septembre 1871, Rimbaud aurait récité son poème dans un restaurant à l'angle des rues Bonaparte et du Vieux Colombier, où se trouve d'ailleurs une plaque commémorative. La fondation hollandaise Tegen-Beeld, à l'origine du projet, aurait mis neuf ans pour obtenir les autorisations nécessaires à la réalisation de l'œuvre. [Rue Férou, 6e]

**95**

## Les trésors du Luxembourg

**97** J'adore me balader au jardin du Luxembourg, véritable oasis dans l'un des plus beaux quartiers de Paris. Installez-vous près du bassin central, face au **palais du Luxembourg**, pour faire une sieste au soleil en admirant le magnifique parterre de fleurs, ou à l'ombre de la mythique **fontaine Médicis** (A), aussi connue sous le nom de «grotte du Luxembourg», construite en 1630 sous le règne de la reine Marie de Médicis. Le jardin recèle des petits trésors comme les serres qui contiennent quelque 400 espèces d'orchidées. Au centre du jardin se trouve le **Pavillon de la Fontaine**, charmant petit restaurant avec quelques tables en terrasse pour luncher au calme. Admirez les nombreuses statues de personnages célèbres tels Beethoven et Baudelaire. À l'intérieur du **musée du Luxembourg** [19 rue de Vaugirard, 6e] il y a aussi une nouvelle adresse d'**Angelina**, salon de thé mythique du 1er arrondissement, devenu célèbre pour son incroyable chocolat chaud, dit «l'Africain», et pour le

97A

traditionnel Mont-Blanc à la crème de marrons. Un bon plan pour éviter l'interminable file d'attente de la rue de Rivoli et l'occasion de se faire une petite exposition! On peut aussi souvent admirer de très belles expos photos en plein air le long des grilles du jardin, dans la rue de Vaugirard. De quoi occuper une journée entière! [Jardin du Luxembourg, 6e]

---

## La tour inachevée

**98** Il règne une ambiance particulière et quasi mystique à l'**église Saint-Sulpice** où se déroule une des scènes du roman *Da Vinci Code*. De la fontaine majestueuse qui trône au centre de la place Saint-Sulpice, admirez le bâtiment. On raconte que sa construction a duré plus de 130 ans. Moins haute de 5 mètres, la tour de droite est demeurée inachevée en raison du manque de financement. Celle de gauche, ornée de quatre statues, a été endommagée par des tirs d'obus en 1871. La restauration a duré plus de 11 ans et coûté plus de 28 millions d'euros. L'intérieur vaut le détour pour les peintures de la chapelle des Saints-Anges, signées Eugène Delacroix. Absolument magnifique. [2 rue Palatine, 6e]

## Manger et sortir en mode Rive Gauche

**99** Dans les petites rues adjacentes à la place Saint-Sulpice se trouvent de vraies pépites parisiennes. La rue des Canettes porte ce nom à cause de l'enseigne située au nº 18 qui représente des petites canes sur l'eau. L'hôtel **La Perle** [14 rue des Canettes, 6e] a été ouvert jadis par la servante de Marcel Proust, après la mort de celui-ci. Dans cette petite rue pavée, mangez **Chez Bartolo** [nº 7], un italien très sympa qui fait une excellente pizza au four à bois. Juste à côté, rue Princesse, se trouve le **Coffee Parisien** (A) [nº 4] qui est pris d'assaut les week-ends par les gens du quartier pour ses œufs bénédictine et burgers à l'américaine. **La Mangerie** [nº 6], petite sœur de La Mangerie du 4e arrondissement, est aussi très animée en soirée. On y déguste d'excellents tapas. Mais la star de cette rue se cache derrière une mystérieuse façade rouge: la boîte de nuit mythique chez **Castel** [nº 15] où Dalí, Brigitte Bardot, Catherine Deneuve et Gainsbourg ont fait la fête avec les bourgeois chics de la Rive Gauche. Ici, les VIP dansent jusqu'au bout de la nuit à côté du fameux piano de Gainsbourg. Pour espérer y pénétrer, il est impératif d'être accompagné d'un fidèle du lieu, muni de sa carte de membre.

99 A

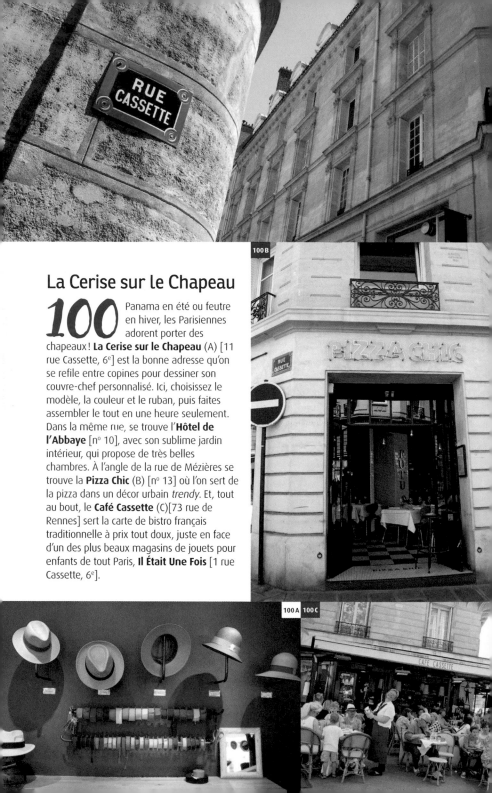

## La Cerise sur le Chapeau

**100** Panama en été ou feutre en hiver, les Parisiennes adorent porter des chapeaux! **La Cerise sur le Chapeau** (A) [11 rue Cassette, 6e] est la bonne adresse qu'on se refile entre copines pour dessiner son couvre-chef personnalisé. Ici, choisissez le modèle, la couleur et le ruban, puis faites assembler le tout en une heure seulement. Dans la même rue, se trouve l'**Hôtel de l'Abbaye** [no 10], avec son sublime jardin intérieur, qui propose de très belles chambres. À l'angle de la rue de Mézières se trouve la **Pizza Chic** (B) [no 13] où l'on sert de la pizza dans un décor urbain *trendy*. Et, tout au bout, le **Café Cassette** (C)[73 rue de Rennes] sert la carte de bistro français traditionnelle à prix tout doux, juste en face d'un des plus beaux magasins de jouets pour enfants de tout Paris, **Il Était Une Fois** [1 rue Cassette, 6e].

102

## Les galeries de Kamel Mennour

**101** Le 6ᵉ abrite plusieurs galeries d'art que l'on peut découvrir en se baladant dans les rues de Seine, Mazarine, Jacob, des Beaux-Arts... Je vous conseille une visite à la galerie **Kamel Mennour**, spécialiste de l'art contemporain [47 rue Saint-André-des-Arts, 6ᵉ]. Établie dans un superbe hôtel particulier avec cour pavée, la galerie contient des œuvres d'artistes incroyables, dont Anish Kapoor, dans un décor contemporain épuré et lumineux sous verrière. Au nº 6 de la rue du Pont de Lodi, le même galeriste expose les œuvres de Daniel Buren, auteur des célèbres colonnes du Palais-Royal.

## L'apéro près du feu de cheminée

**102** Tout au fond du **Café Laurent** de l'**Hôtel d'Aubusson**, qui date du XVIIᵉ siècle, il y a un endroit hors du temps, typiquement parisien, où j'adore siroter un thé et travailler au calme. Lustres, poutres d'origine, incroyable cheminée de pierres, décor vieille France... Très chic. Commandez un thé et installez-vous dans les fauteuils moelleux. Le WI-FI est gratuit. En hiver, à partir de 18 h, un feu crépite dans la cheminée. Du mercredi au dimanche, dès 18 h, spectacle de jazz *live*. Un excellent refuge les jours de pluie ou pour une pause romantique. [33 rue Dauphine, 6ᵉ]

## Le caoutchouc made in France

**103** C'est chez **Aigle**, marque « *premium outdoor lifestyle* » en France, que se trouve le bar à bottes le plus cool de Paris, qui propose la plus belle sélection de bottes de pluie en caoutchouc naturel 100 % fabriqué en France. Dénichez le modèle Miss Juliette pourvu d'un petit talon pour avoir le look parfait de la Française qui part en week-end de chasse dans un château de la Loire. [139 Boulevard Saint-Germain, 6e]

## Buci village

**104** L'angle des rues de Seine et de Buci est l'un des épicentres de Saint-Germain-des-Prés. Le lieu est certes touristique, mais conserve son âme authentique. Parmi les institutions dignes de mention, citons le **Bar du Marché** (A) [75 rue de Seine, 6e] pour sa terrasse unique et ses serveurs mignons en salopettes. Savourez une glace aux mille parfums exquis de **Grom** [81 rue de Seine, 6e], l'un des meilleurs glaciers italiens de Paris. La superbe librairie **Taschen** [2 rue de Buci, 6e] vaut le détour pour sa sélection de beaux livres et son design signé Philippe Starck. Faites un stop à la boutique **Allison** [3 rue de Buci, 6e] qui propose une sélection de marques françaises et des prix pas trop élevés. De la petite robe de cocktail à la combinaison *casual*, on y trouve toujours son bonheur. Pour une ambiance *trendy*, mangez au **Germain** (B) [25 rue de Buci, 6e] qui appartient aux frères Costes. Le décor est signé India Mahdavi, et il y a, au centre de la salle, une énorme statue de Xavier Veilhan, star de l'art contemporain. Encore plus confidentiel, le **Germain Paradisio** est un cinéma souterrain situé au sous-sol. Sur réservation seulement.

## La Palette

**105** Tous les chemins mènent à **La Palette**, rendez-vous des Parisiens bobos branchés. Ici, les apéros s'étirent jusqu'à minuit et l'ambiance est festive. Proximité oblige, vous parlerez avec le voisin, ferez le plein de nouvelles rencontres et repartirez avec de nouveaux amis pour une seconde moitié de soirée d'ivresse spontanée. Beaucoup de fumeurs grillent clope par-dessus clope. C'est Paris ! Heureusement, on y sert quelques bouchées, planche mixte et croque-monsieur à partager. Indispensable pour absorber tout ce rosé. [43 rue de Seine, 6e]

## Des soins sous les voûtes

**106** Lancé en 2012 par Juliette Levy, le *concept-store* **Oh My Cream !** propose une approche personnalisée de la beauté avec des marques triées sur le volet et pour la plupart vendues en exclusivité, telles que Tata Harper, Susanne Kaufmann et Antipodes. L'ambiance est zen et les expertes prodiguent une foule de conseils adaptés à vos besoins. On peut faire un diagnostic de peau gratuitement et, au sous-sol, on trouve une superbe cabine de soins sous les voûtes de pierres. Une excellente adresse pour un moment de détente et de beauté. [3 rue de Tournon, 6e]

## Les bars à manger d'Odéon

**107** Lorsque vous sortez du métro Odéon, tournez à gauche direction **L'Avant Comptoir** [9 carrefour de l'Odéon, 6e]. Ici, selon votre envie, choisissez le côté « cochonnaille » ou « mer », deux incontournables du quartier. Le premier a fait sa renommée grâce à son espace microscopique et à ses bouchées à tomber. Dégustez en mode décontracté, accoudé au comptoir avec votre verre de vin de pays, les savoureuses croquettas, la brandade de morue et les saucissons chauds ou froids. À la porte d'à côté, **L'Avant Comptoir de la Mer** (A) [3 carrefour de l'Odéon, 6e], le petit dernier, propose une déclinaison de hors-d'œuvre version iodée, oursins de gambas, Saint-Jacques rôties, tagliatelles de seiche en bouillon, crevettes à la plancha. Option avec tabourets, un cran plus chic, l'**Etna** [33 rue Mazarine, 6e] propose des petites assiettes et des vins naturels. Mieux encore, **Freddy's** [54 rue de Seine, 6e], mon coup de cœur, se spécialise dans les tapas gastronomiques : salade de poulpe, accras sauce chien, et potimarron rôti et pois chiches. Arrivez tôt !

## Les Hamptons de Saint-Germain

# 108

Inspiré par la maison de couture de Ralph Lauren, le **Ralph's** peut se vanter d'avoir l'une des plus belles cours intérieures de la Rive Gauche. Situé dans un ancien hôtel particulier, à deux pas de l'Odéon, c'est le rendez-vous de l'élite parisienne qui recherche une certaine saveur «américaine». Canapés, coussins style Hamptons... tout est très «Ralph» et de bon goût. Mangez-y un *crab cake* ou l'un des six burgers: le Ralph's Burger, le Ralph's Double Burger, le Santa Fé, ou les burgers de dinde, de thon rouge ou végétarien. [173 boulevard Saint-Germain, 6e]

## La bibliothèque Mazarine

# 109

Je suis passionnée de vieux livres, de cette odeur de papier imprégné d'histoire. S'il fallait ne visiter qu'une seule bibliothèque à Paris, ce serait la bibliothèque Mazarine, la plus vieille de France. Sa salle de lecture compte 140 places et le lieu a été entièrement restauré dans une ambiance authentique du XVIIe siècle. Il raconte à lui seul une histoire, avant même que vous n'ayez lu une seule ligne des 600 000 documents qui s'y trouvent. D'une richesse inouïe. [23 quai de Conti, 6e]

110

## Les salons privés de Lapérouse

# 110

Fondé en 1766, Lapérouse est situé dans un ancien hôtel particulier, transformé en restaurant et bar ornés de fresques et de boiseries originales, est mythique à Paris. Ici, se pressent des foules et des paparazzis qui rêvent d'apercevoir une célébrité cachée dans l'un des salons privés qu'il est possible de réserver pour un repas à l'abri des regards. L'histoire raconte que les miroirs de certains salons auraient été rayés par les bagues de maîtresses d'hommes très riches. Guy de Maupassant, Émile Zola, Alexandre Dumas et Victor Hugo, dont un salon porte le nom, y sont passés. [51 quai des Grands Augustins, 6e]

108

## La chambre d'Oscar Wilde

# 111

C'est le plus petit hôtel 5 étoiles de Paris. Il compte 20 chambres et fut la dernière demeure d'Oscar Wilde. Celui-ci y resta de 1898 jusqu'à sa mort, survenue en 1900 dans la chambre n° 16 qui a conservé le style victorien de l'époque. Dans les années 1960, **L'Hôtel** était le lieu chic qui accueillait les artistes, les stars et les Parisiens branchés. Même si vous ne restez pas à l'hôtel, allez manger au restaurant, qui s'appelle **Le Restaurant** (une étoile Michelin), ou prenez un verre au bar **Le Bar**. Le lieu vaut le détour pour l'incroyable cage d'escalier circulaire qui s'élève sur six étages jusqu'à la coupole. Sans oublier la piscine souterraine, sous les voûtes, réservée aux occupants de l'hôtel. [13 rue des Beaux-Arts, 6ᵉ]

## Le café moscovite

# 112

Sur le boulevard Saint-Germain, où s'affichent des cafés mythiques comme le **Flore** et **Les Deux Magots** [6 place Saint-Germain-des-Prés, 6ᵉ], se trouve une nouvelle adresse atypique : le **Café Pouchkine** [155 boulevard Saint-Germain, 6ᵉ], qui a aussi une adresse au Printemps Haussmann [64 boulevard Haussmann, 9ᵉ] et à la place des Vosges [2 rue des Francs Bourgeois, 3ᵉ]. Ce café fait revivre les splendeurs de la Russie et propose diverses pâtisseries, dont le fameux Medovick, un biscuit parfumé au miel de sarrasin composé d'une multitude de couches superposées, de *sgouchonka* (confiture de lait) et de *smetana* (crème fraîche un peu aigre). À consommer à l'intérieur ou sur la terrasse avec vue sur la belle abbaye de Saint-Germain-des-Prés.

## Le Flore

# 113

Impossible de ne pas mentionner le **Café de Flore** [172 boulevard Saint-Germain, 6ᵉ], ce lieu mythique qui demeure, malgré les touristes, une véritable institution fréquentée par les vrais Parisiens. Ici, on refait le monde à toute heure de la journée. Si vous avez la chance d'avoir une table en terrasse, vous verrez peut-être Karl Lagerfeld, David Halliday ou Inès de La Fressange, qui vit dans le quartier et est une habituée de la librairie **L'Écumes des Pages**, la porte d'à côté [n° 174], où elle dédicace à l'occasion son dernier livre, *Mon Paris*.

## Matcha sous les voûtes

**114** Le premier salon de thé japonais **Jugetsudo** a ouvert ses portes à Tokyo en 2003. Pour établir une seconde boutique, les propriétaires ont choisi Saint-Germain-des-Prés. Si vous êtes amoureux de thé vert, ce lieu conçu dans le plus pur respect des traditions japonaises est à découvrir. La boutique comprend un espace de vente et de dégustation orné de tiges de bambou suspendues. Mais les clients ignorent qu'il y a une salle sous les voûtes, où des maîtres proposent des initiations à la cérémonie du thé. Fascinant. [95 rue de Seine, 6ᵉ]

## Les meilleurs makis

**115** À Paris, les sushis sont plutôt traditionnels et dépourvus d'originalité; on est loin de l'incroyable variété qu'on trouve aux États-Unis et au Canada. Le **Blueberry** fait exception. Colorée· ce mot résume l'ambiance de ce restaurant spécialisé en makis créatifs. Ici, testez le maki Rackham le Rouge (tempura de crevette, truffe noir, thon mariné, concombre, mayonnaise épicée, ciboulette, œufs de poisson volant) ou le Little miss Yuzu (tataki de saumon mariné au yuzu, framboise, mangue fraîche et ciboulette thaïlandaise). En dessert, les incroyables mochis glacés (boules de crème glacée en pâte de haricots au thé vert) aux parfums de fleurs de cerisier, thé vert et sésame. Miam! [6 rue du Sabot, 6ᵉ]

À LA PARISIENNE

### Votre silhouette

Sachez que les Parisiens ont leur mot à dire sur tout, en particulier sur vous. Votre poids, votre teint, votre emploi, vos fréquentations. Si vous n'acceptez pas d'entrer dans cette sphère perso et de lâcher votre ego, vous n'aurez jamais de « bonnes relations », comme on dit ! À Paris, vous êtes la propriété « visuelle » de tous.

## Le triangle littéraire

**116** Le quartier Saint-Germain est réputé pour être le berceau des écrivains intellectuels, grands esprits, maîtres des mots et de la pensée. Une pause chez **Les Éditeurs** [4 carrefour de l'Odéon, 6e] s'impose. Ce restaurant-bibliothèque se trouve en face du **Hibou** [no 16], un grand bistro sur deux étages avec une jolie terrasse. À deux pas vers l'est, empruntez la rue Monsieur le Prince et faites le parcours des petites librairies de quartier, dont certaines se spécialisent dans les livres anciens aux reliures rares. Tout au bout de cette rue, le **Polidor** [no 41] est l'un des plus vieux bistros de Paris et sa façade demeure inchangée. De nombreux artistes célèbres y sont venus : René Clair, Paul Valéry, Boris Vian, Ernest Hemingway et Coluche. Bon à savoir : la rue abrite aussi un excellent italien, le **Luisa Maria** [no 12].

## La plus petite porte

**117** Il faut avoir le dos assez souple pour pénétrer dans l'antre de **Shu**, un super restaurant japonais au cœur d'Odéon. La porte ne fait pas plus d'un mètre. Une fois le seuil franchi, descendez quelques marches : vous voici hors du temps. Installez-vous au comptoir pour savourer l'un des trois menus dégustation (suzu, kyôu ou kazé) qui comprennent mises en bouche, sashimis, kushiage (brochettes panées) et soupe miso. Observez bien le chef à l'œuvre derrière le comptoir. L'adresse parfaite pour impressionner des gens et passer une soirée unique. [8 rue Suger, 6e]

## Les néo-bistros de la rue du Château

**118** Perpendiculaire à la rue Raymond Losserand, rue commerçante la plus chouette du quartier, se trouve la petite rue du Château, *hot spot* de la bistronomie du 14e arrondissement. Ici, mangez chez **Nina** [139 rue du Château, 14e], un restaurant de type comptoir, jeune et créatif. Dégustez une superbe pièce de bœuf Wagyu grillée en portion généreuse ou, pour les petits appétits, en version « mosaïque » (portion « découverte »). Le **Kigawa** [no 186] est un néo-bistro raffiné qui compte une vingtaine de places. On y mange une savoureuse cuisine française réinventée selon les produits frais du marché. Le restaurant **L'Assiette** (A) [no 181] demeure la star de la rue. Situé dans une ancienne charcuterie, cet établissement très connu des Parisiens appartenait jadis à Lucette Rousseau, propriétaire charmante connue sous le nom de Lulu, qui a fait la renommée du quartier. On murmure que François Mitterrand mangeait chaque semaine à la table no 4, tandis que Catherine Deneuve et Pierre Bergé préféraient la no 15. Aujourd'hui, le lieu est tenu par le chef David Rathgeber, d'origine alsacienne. La clientèle est plus jeune, l'ambiance toujours aussi chaleureuse. D'ailleurs, vous y croiserez peut-être Marion Cotillard.

*« Le vrai parisien n'aime pas Paris, mais il ne peut vivre ailleurs. »*

Alphonse Karr

## Le square Montsouris

**119** Le parc Montsouris est sans doute celui qui a conservé l'âme sauvage la plus authentique ; sa faune diverse et variée d'oiseaux et d'insectes en est la preuve. Tout près de là se trouve le square Montsouris, une magnifique ruelle pavée atypique. Ici se dressent 62 villas au design Art nouveau et Art déco, dont la construction date du début des années 1920. Cette allée bordée d'une végétation luxuriante faisait jadis partie de l'ancien quartier du Petit-Montrouge annexé à Paris en 1860. Pour préserver le lieu, on a classé le square en 1975. [Square Montsouris, 14e]

## Le parc ouvert sur le monde

**120** Le **parc de la Cité internationale universitaire**, géré selon des critères de développement durable, est le troisième de Paris par sa superficie. Les jardins sont entretenus par 13 jardiniers et tout le désherbage se fait à la vapeur ou à la main. Il surplombe l'impressionnante **Maison internationale**, dont l'architecture s'inspire du château de Fontainebleau. Idéal pour se mettre au vert. On peut y rencontrer des étudiants de 141 nationalités. [17 boulevard Jourdan, 14e]

## Les Puces de Vanves

**121** Laissez-vous tenter par les bijoux anciens, breloques, tableaux, dessins, gravures, et par une infinie variété d'antiquités qu'on trouve ici tous les samedis et dimanches de l'année. **Les Puces de Vanves** se veulent un voyage au cœur des XVIIIe et XIXe siècles. Bon nombre d'objets des années 1950 et 1970 y trouvent aussi leur place. On peut vraiment y faire de bonnes affaires ! Le marché occupe deux voies : l'avenue Marc Sangnier, de 7 h à 13 h ; et l'avenue Georges Lafenestre, de 7 h à 17 h. [Métro Porte de Vanves, 14e]

## Le jardin de la Fondation Cartier

**122** Établie en 1984 par Alain-Dominique Perrin, alors président de Cartier International, la **Fondation Cartier** est un pilier de l'art contemporain de la Rive Gauche. On peut y voir des expos, des rétrospectives majeures, des clichés présentés dans un lieu unique, moderne et baigné d'une lumière sublime grâce au design tout de verre et de métal signé par l'architecte Jean Nouvel. Mon coup de cœur va au jardin, le ***Theatrum Botanicum*** de Lothar Baumgarten, dont le nom fut inspiré des livres dans lesquels les moines inventoriaient les plantes médicinales et aromatiques au Moyen Âge. Un lieu sauvage, enclos d'un ancien mur, où la nature reprend ses droits, et où vivait jadis Chateaubriand. [261 boulevard Raspail, 14e]

*« L'être qui ne vient pas souvent à Paris ne sera jamais complètement élégant. »*

Honoré de Balzac

# Fabrice Midal
## Le défenseur de la méditation authentique

→»·°·«←

**123** Fabrice Midal est une des principales figures de la méditation en France. Il a publié plus de quarante livres parce qu'il a «des choses à dire», raconte-t-il. Son livre *Frappe le ciel, écoute le bruit* est construit à partir des conférences et ateliers qu'il donne bénévolement, tous les mercredis à l'**École occidentale de méditation** [53 rue Raymond Losserand, 14ᵉ] pour aider les gens à démystifier la méditation.

«Je ne cherche pas forcément à dire de quoi les gens ont besoin. Je cherche à leur parler pour créer un réel changement. Je veux les toucher profondément. C'est très différent que de chercher à répondre aux besoins des gens, qui est une démarche plutôt marketing. J'essaie de transmettre la dimension la plus simple et profonde de la méditation», explique-t-il.

Pionnier de la méditation en France, il cherche aujourd'hui, face à l'engouement grandissant pour cette hygiène de vie, à préserver l'authenticité de ses fondements. «Mon intention est de dénoncer la méditation comme outil de performance ou de gestion de stress. C'est un piège de la société. C'est une forme de barbarie complète. La méditation doit garder avant tout une dimension éthique et déboucher sur une bienveillance profonde pour soi et pour le monde.» En outre de son travail d'éditeur et de ses enseignements, il collabore avec des médecins pour les aider dans leur travail, en plus de conseiller les professeurs dans l'enseignement de la méditation aux enfants. «On voit que ça aide les gens. Il faut seulement faire attention de préserver la dimension éthique et de bienveillance.»

Et quels sont les bienfaits de la méditation, selon lui? «Si la méditation a un sens, c'est celui de nous libérer de notre obsession de contrôle. Faire la paix avec soi, avoir de la tendresse pour ses propres blessures, développer un sens de présence, de bienveillance. On fait la paix, on arrête de s'en vouloir d'être trop sensible et on développe plus de confiance. Ainsi, on cesse de s'excuser de ne pas être parfait. On retrouve une bonté envers soi et on se libère de la culpabilité.»

Dans ses cours, il apprend aux gens à être présents, tout simplement. «La méditation, c'est réapprendre quelque chose de très simple. Un sens de présence. C'est une manière d'être synchronisé avec son corps, son cœur. Nous ne fermons pas les yeux et nous ne sommes pas en lotus. Ça n'est pas plus compliqué que ça, mais ça transforme tout. On arrête de vouloir comprendre. On se fout la paix. On est ailleurs. Aucune stratégie. Stop. On redevient un être humain, on s'autorise à redevenir soi, tout simplement.»

Amoureux de livres, il adore les librairies parisiennes. Ses favorites? «La librairie **Gibert Joseph** [26 boulevard Saint-Michel, 6ᵉ], à Saint-Germain-des-Prés qui est super et sur trois étages. C'est la seule librairie où il y a aussi des livres d'occasion. Je peux trouver tous les vieux livres que je veux, j'adore. Et pour l'ésotérisme authentique et la vraie mystique, **Gibert Jeune** [23 quai Saint-Michel, 5ᵉ].»

→→→→→ ★ ←←←←

# DISCRÉTION
## à l'ombre de la
# TOUR EIFFEL

→→→→→ ★ ←←←←

Se prélasser sur les transats du Rosa Bonheur sur Seine, admirer le jardin secret du musée Rodin, immortaliser le dôme doré des Invalides, se balader dans la rue Cler, traverser le pont de Bir-Hakeim en métro aérien et explorer le design futuriste de Beaugrenelle.

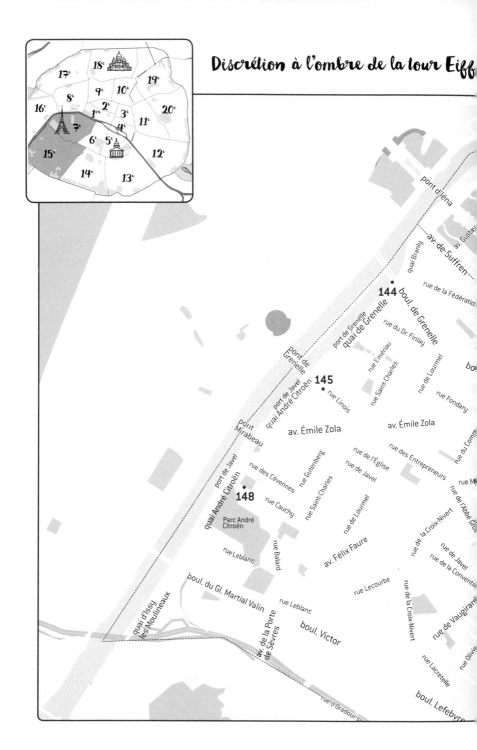

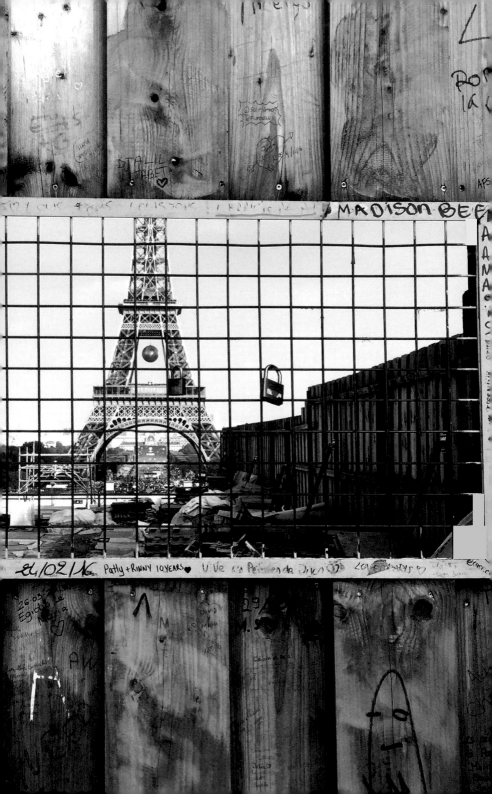

## L'espace souliers du Bon Marché

# 124

**Le Bon Marché** est l'un des plus beaux centres commerciaux de Paris et le tout premier grand magasin parisien, ouvert en 1852. Mythique pour sa grande épicerie qui propose une extraordinaire sélection de produits raffinés, pour son coin beauté et pour son escalator Art déco, le lieu vaut particulièrement le détour pour l'espace chaussures, niché dans une sorte d'amphithéâtre sous verrière. Un lieu de tentation suprême pour découvrir les créations des plus grands designers (Chloé, Dries Van Noten, Givenchy, Jil Sander, Lanvin, Marni, Proenza Schouler...). Profitez de l'occasion pour faire une pause au Rose Bakery Tea Room; buvez un jus frais pressé et savourez une tarte au citron format XXL. [24 rue de Sèvres, 7e]

# Erwin Creed
## Septième du nom

–»> °₀° «‹–

**125** Erwin Creed est le septième héritier de la famille Creed, une dynastie parfumée dont l'histoire remonte à 1760. Leurs parfums font un carton partout dans le monde et leur histoire est inspirante. Au XVIIIe siècle, James Henry Creed est marchand de nouveautés et fournisseur attitré de la Cour d'Angleterre et de la reine Victoria. Il vend des robes, des tissus et des gants, mais aussi des parfums très puissants qu'on applique alors par petites gouttes derrière les oreilles. À la demande de l'impératrice Eugénie, Henry Creed ouvre en 1854 une succursale rue Royale, à Paris, où il confectionne des vêtements sur mesure. Suivant les traces de ses ancêtres, Olivier Creed, PDG actuel, reprend les parfums en 1970. Il ferme l'atelier de la rue Royale et ouvre une boutique au 38, avenue Pierre Ier de Serbie. Au fond du magasin, une sélection de chemises, de cravates et de pulls rappelle encore ce passé de maître tailleur. En 2012, **Creed** [74 rue des Saints-Pères, 7e] ouvre une seconde boutique dans le 7e arrondissement.

Erwin Creed, septième du nom, et sa sœur Olivia sont aujourd'hui les dignes héritiers de la tradition familiale. Parmi les plus grands succès de la maison, le parfum *Fleurissimo*, commande spéciale du prince Rainier à l'occasion de son mariage avec Grace Kelly en 1956. Il contient de l'ylang-ylang, de la tubéreuse et de la rose bulgare. C'est aussi le parfum que Kate Middleton a choisi pour son mariage. «Je l'aime beaucoup, il est très fleuri, rond et axé sur la note de cœur. C'est un beau parfum classique qui respecte le côté capiteux de la fleur», explique Erwin qui a aussi participé à la création d'*Original Vétiver*, *Love in White*, *Original Santal*, *Feuille Verte*, *Royal Ceylan*, *Fleurs de Gardenia*, *Virgin Island Water*, *Acqua Fiorentina*, *Aventus*.

À quoi ressemble sa vie de septième héritier? «Je vis entre Paris et Genève et je parcours le monde pour découvrir de bout en bout la chaîne de création du parfum.» Un souvenir d'enfance? «Quand j'avais sept ans, mon père avait un laboratoire dans notre maison de campagne. Un soir où j'avais du mal à dormir, je l'ai rejoint et nous avons créé un parfum ensemble, une violette hespéridée. Nous avons appelé ce parfum "Pinocchio", du nom de notre chien. Ce parfum n'existe plus [rires].» Sa signature personnelle? «J'aime les parfums classiques. Une très bonne bergamote, un très bon citron, une menthe poivrée... On préfère faire peu d'odeurs, mais de très bonne qualité. La qualité se sent dans les parfums. C'est moins agressif au niveau de l'odorat, les notes sont plus riches.» Ses adresses favorites à Paris: «Chez **David Mallett** [14 rue Notre-Dame-des-Victoires, 2e]; mon coiffeur s'appelle Rishi. **Le Griffonnier**, à deux pas de l'**Élysée** [8 rue des Saussaies, 8e], pour me faire un resto typiquement français. Et la boutique **Acne Studios** [124 galerie de Valois, 1er] pour les jeans.»

## Les meilleurs produits en voie de disparition

# 126

Après avoir travaillé chez Givenchy et aux Galeries Lafayette, Maud a décidé de changer de vie et d'ouvrir avec Lucio Hornero, un militant contre l'industrialisation et la mondialisation, sa propre boutique de produits bios, locaux et issus du commerce équitable : l'**Épicerie générale**. Ici, on mange bio, français, de saison, et on encourage les produits en voie de disparition comme la crème, les charcuteries, le seul « jambon de Paris » encore fabriqué à Paris, le riz de Camargue, les rillettes des régions et les conserves de l'île d'Yeu. Des formules midi sont proposées et vous pouvez même commander votre formule « super aliment », personnalisable (fruit de saison, maca, spiruline) selon vos envies. La devise ? Des produits certifiés 100 % label chouette. On aime. [43 rue de Verneuil, 7e]

127

## Le Basilic

# 127

**Le Basilic**, l'une de mes adresses favorites à Paris, est une brasserie située à l'ombre de la superbe basilique Sainte-Clotilde, dans un quartier résidentiel, à deux pas des Invalides. En été, le lieu possède une très jolie terrasse pour manger au calme. En hiver, venez entre amis et installez-vous à l'intérieur, sur l'une des grandes banquettes rouges, dans un décor d'authentique bistro Art déco. Ici se presse la jeunesse dorée parisienne, dans une ambiance décontractée. Le propriétaire, Fabrice, star du quartier, vous accueillera avec le sourire et une petite coupe de champagne... qui sait ? [2 rue Casimir Périer, 7e]

## Le *show room* d'India Mahdavi

**128** Architecte, designer, styliste et parfois aussi décoratrice, India Mahdavi est une icône du design à Paris, renommée pour son style nomade et minimaliste. Elle a notamment travaillé avec Alber Elbaz (ancien directeur artistique chez Lanvin), Maja Hoffmann et Thierry Costes. Dans le 7e arrondissement, elle a décoré les chambres de l'hôtel Thoumieux. Si vous êtes amoureux de design, je vous recommande un détour par son **show room** [3 rue Las Cases, 7e] et par sa boutique de petits objets [no 19].

## Le jardin du musée Rodin

**129** C'est un joyau coupé de tout, à deux pas des Invalides. Établi dans un parc de trois hectares, l'hôtel Biron, un hôtel particulier du XVIIIe siècle, abrite aujourd'hui le musée Rodin. Auguste Rodin, Jean Cocteau et Henri Matisse ont eu leur atelier ici. La vue depuis le fond du jardin est l'une des plus romantiques de la ville. Baladez-vous dans les allées, admirez *La Porte de l'Enfer* derrière la roseraie, installez-vous près du bassin, au cœur de cet espace somptueux qui se déploie sous vos yeux, et profitez de la quiétude des lieux. L'accès au jardin coûte seulement 4 euros (2 euros le mercredi après 18 h) et est gratuit les premiers dimanches du mois, du 1er octobre au 31 mars. [79 rue de Varenne, 7e]

129

## L'authentique bistro

**130** Grandes banquettes rouges, menu sur ardoise, comptoir : voici **Le Vin de Bellechasse**, un repaire de vrais Parisiens, pour une tablée entre amis, un soir de semaine ou un week-end. La clientèle est jeune et on s'y sent comme à la maison. La côte de bœuf à partager est savoureuse et servie avec les accompagnements classiques qu'on trouve dans tous les bistros parisiens (purée, frites, haricots, épinards). [20 rue de Bellechasse, 7e]

## Le toit-terrasse musée

**131** Pour une occasion spéciale et un moment unique, direction le restaurant **Les Ombres** (A), sur le toit du **musée du Quai Branly**, pour sa vue divine et dégagée sur la tour Eiffel. Ce musée est l'un de mes favoris à Paris. On le remarque facilement grâce à l'incroyable mur végétal, haut refuge de la biodiversité et de la culture dite verticale, breveté par Patrick Blanc. À toute heure de la journée, avant ou après une exposition ou simplement pour profiter du calme au cœur de la ville, le **Café Branly**, au sein du jardin du musée, est une véritable oasis de sérénité. Une expo s'impose, évidemment. [27 quai Branly, 7e]

## Les meilleures cocottes

**132** Tout bon Parisien qui se respecte connaît **Les Cocottes**, ce pilier du 7e arrondissement imaginé par Christian Constant. Ici, savourez une exquise déclinaison de plats servis en cocottes : œufs pochés aux lardons, bisque de crustacés, noix de Saint-Jacques, confit de foie gras, etc. Bon à savoir : le restaurant est ouvert 7 jours sur 7. Mangez au comptoir ! Un *must*. [135 rue Saint-Dominique, 7e]

131A

132

## Le repaire californien

**133** Bien qu'il existe de plus en plus de bars à jus santé, il est souvent difficile à Paris de sortir du cadre traditionnel et d'aller dans un lieu au décor moderne qui propose un menu *healthy* et raffiné à l'image des restaurants californiens. J'ai eu un véritable coup de cœur pour **Marlon** et sa petite enseigne étoilée, ses immenses baies vitrées, ses cactus, un lieu baigné de lumière et d'une super énergie. La propriétaire, Alexandra, est aussi à l'origine des restaurants Marcel, très prisés des Parisiens. Au menu : jus fraîchement pressé, tacos, ceviche, quesadillas, bols açaï, ou l'incroyable pamplemousse grillé en dessert. Une carte imaginée par la chef, amoureuse de la Californie. [159 rue de Grenelle, 7ᵉ]

## Le café rare

**134** Chez **Coutume** (A) [47 rue de Babylone, 7ᵉ], le café est élevé au rang de savoir-faire. On y fait des torréfactions de cafés rares et on y propose des cocktails de café signature, concoctés par un barista. On y déguste un café d'extrême qualité, issu des grandes réserves de grains du Costa Rica, de l'Indonésie, du Brésil, de l'Éthiopie et du Burundi, soigneusement sélectionnés par Tom Clark et Antoine Nétien, les fondateurs. On peut aussi suivre des formations professionnelles dans l'atelier de torréfaction [8 rue Martel, 10ᵉ] pour apprendre à faire du bon café dans les règles de l'art. Une autre adresse, **Coutume Instituutti** [60 rue des Écoles, 5ᵉ], est nichée au cœur de l'Institut culturel finlandais.

# Une balade dans la rue Cler

**135** Entre la rue de Grenelle et l'avenue de la Motte-Picquet, la rue Cler est une charmante voie piétonne où se presse une foule de petits commerçants. Boulangerie, boucherie, chocolaterie, fleuristes, fromagerie, brasserie et petits cafés... tout y est. **Davoli** [34 rue Cler, 7e] est un excellent traiteur italien, installé dans cette rue depuis 1962. Ses produits sont aussi en vente à la grande épicerie du Bon Marché. Juste en face, la **Famille Mary** [no 35] est réputée pour ses miels d'exception. **Jeusselin** [no 37] est un super charcutier-traiteur renommé pour ses excellents foies gras. Bien que l'établissement soit très touristique, j'adore la façade du **Petit Cler** [no 29] et son décor d'authentique

bistro parisien. **L'Éclair** [no 32] vous séduira avec ses banquettes capitonnées, sa terrasse au calme, son cadre de brocante élégante, ses objets chinés et sa sélection de vins « low cost », « eco » et « business », pour tous les budgets. La **Maison de la Chantilly** [no 47] est un royaume de gourmandises déclinées autour de la fameuse crème blanche immaculée. Pour faire comme les Parisiens, installez-vous à la terrasse du **Tribeca** [no 36], qui se remplit à craquer à l'heure du déjeuner. Les plats sont variés (pizzas, salades, pavé de saumon, club) et les prix, abordables. À l'arrivée des beaux jours, la rue Cler sent bon les fleurs et les produits frais. Pendant la période des fêtes, les décorations de Noël habillent la rue. Féerique.

## L'univers Thoumieux

**136** Ce lieu, à la fois hôtel, restaurant, brasserie, café et pâtisserie, est un incontournable du 7ᵉ arrondissement. Côté brasserie, testez le foie gras de canard des Landes, l'œuf mollet au caviar, le tartare de bœuf haché au couteau, et les fabuleux gâteaux, telle la tarte «façon» Tatin et son épaisse crème Bordier. Les chambres de l'**hôtel Thoumieux** sont signées par la designer India Mahdavi. [79 rue Saint-Dominique, 7ᵉ]

## L'ami Jean

**137** Stéphane Jégo est un chef star à Paris, pionnier de la bistronomie française. Sa personnalité unique et colorée vous charmera à coup sûr. Vous l'entendrez hurler aux fourneaux. Les serveurs lui répondront : «Oui, chef!» C'est un spectacle en soi et une expérience culinaire sans pareille à Paris. Les tables de **Chez l'Ami Jean** se remplissent à la vitesse de l'éclair et les gens viennent de loin pour déguster ses plats du Sud-Ouest et son incroyable riz au lait, une recette culte accompagnée de beurre caramel et de nougatine. [27 rue Malar, 7ᵉ]

## Les berges du bonheur

**138** En été, les berges de la Seine se métamorphosent en véritable destination vacances, ambiance plage et farniente. Coup de cœur pour la version amarrée du **Rosa Bonheur**, dont la première adresse, très festive, est située dans le parc des Buttes-Chaumont. Ici, flottez au rythme des vagues de la Seine et admirez la vue magique sur le Grand Palais, le pont Alexandre III et la tour Eiffel. Sur la barge (péniche), mangez tapas, charcuteries, terrines ou pizzas sur feu de bois. Le lieu se remplit à craquer à la tombée de la nuit. Bonheur et coup de rosé assurés. [Port des Invalides, 7ᵉ]

## Le dôme aux 12 kilos d'or

**139** La place des Invalides impressionne avec le dôme doré des Invalides et ses pelouses qui s'ouvrent sur le pont Alexandre III. Dès les beaux jours, les Parisiens s'y rendent pour un pique-nique, jouer au foot ou flâner sur un joli banc de parc. Admirez la **chapelle royale**, aussi appelée l'église du dôme, qui abrite, dans une crypte, le tombeau de Napoléon I$^{er}$, et visitez le musée de l'Armée et la belle armure du roi Louis XIV. Bon à savoir : le dôme était le monument le plus haut de Paris jusqu'à la construction de la tour Eiffel. Il a été redoré en 1989, opération qui a nécessité 12 kilos d'or. [129 rue de Grenelle, 7$^e$]

## La fromagerie de l'Élysée

**140** **Barthélémy**, petite fromagerie au décor rétro figé dans le temps, est tenue par Nicole Barthélémy depuis plus de 40 ans. C'est ici que l'Élysée achète ses fromages depuis 1973. Outre le reblochon crémeux, le brie moelleux, le saint-marcellin coulant, la spécialité est le fromage Fontainebleau, à base de lait de vache, et le Mont d'Or, ou « vacherin du Haut-Doubs ». Les prix sont assez élevés, mais vous y croiserez peut-être Charlotte Gainsbourg ou Catherine Deneuve, des habituées. [51 rue de Grenelle, 7e]

## Le meilleur massage chinois

**141** L'arrière-grand-oncle de Lanqi allait de village en village pour soulager les paysans avec ses massages et ses plantes. Sa digne descendante prodigue aujourd'hui les meilleurs massages chinois de Paris à ses deux adresses à l'ambiance « salon de Pékin ». Chez **Lanqi-Spa**, pas de chichi ni de luxe ostentatoire : les cabines sont séparées par des rideaux. Ventouses, massage du ventre, réflexologie... La carte des soins est riche et variée. Testez le Tui Na qui rééquilibre le yin et le yang, la tête et le corps. Maxi résultat, prix mini. [48 avenue de Saxe, 7e ; 91 rue de Javel, 15e]

142

## Une promenade au Champ-de-Mars

**142** Pour avoir une magnifique vue sur la tour Eiffel, optez pour le **Champ-de-Mars**, qui est aussi un endroit de rendez-vous des Parisiens pour courir et faire un peu de sport. D'une superficie de 24,5 hectares, c'est l'un des plus grands jardins de Paris. La Dame de fer vous en mettra plein la vue. [2 allée Adrienne-Lecouvreur, 7e]

---

À LA PARISIENNE

### *Se faire des amis*

Si vous voulez vous faire des amis, restez mystérieux mais sincère, distant mais ouvert, exotique mais pas folklorique. Soyez détaché mais intéressé. Et, surtout, ne soyez pas trop gentil. D'ailleurs, sachez que, à Paris, le mot « gentil » signifie « un peu con » et que la gentillesse est tolérée chez les touristes, mais que le vrai Parisien préfère râler pour se faire des amis. C'est génétique.

144

## Le parfait service de table

**143** Si les Parisiens adorent manger, ils raffolent évidemment de tout ce qui accompagne l'art de la table. Cité dans le *Vogue* américain et dans *Architectural Digest* comme l'une des meilleures adresses pour les férus de réceptions, **Au Bain Marie** possède de superbes collections anciennes, de l'argenterie du XIXe siècle et des ustensiles rares dont vous n'auriez même pas soupçonné l'existence. Repartez avec une assiette « Rousseau », dont les petits dessins (hibou, homard, caille) sont inspirés de la collection de la Manga d'Hokusai du verrier Eugène Rousseau, présentée à Paris lors de l'Exposition universelle de 1867. [56 rue de l'Université, 7e]

## Le pont de Bir-Hakeim

**144** Le **pont de Bir-Hakeim** offre l'un des plus beaux points de vue sur la tour Eiffel. Combinant voûtes en pierre, arches en acier et luminaires Art déco, il constitue à lui seul un monument. Plusieurs scènes de cinéma ont été tournées ici, dont l'une du film *Inception*, avec Leonardo DiCaprio. Empruntez-le par la ligne 6 du métro, qui traverse la Seine entre les stations Passy et Bir-Hakeim, et vous aurez une vue à couper le souffle, à toute heure de la journée, pour le prix d'un ticket de métro ! Encore mieux : sous le pont, une voie pour les cyclistes et les piétons relie les deux berges. [Quai de Grenelle, 15e]

## Beaugrenelle

**145** Aucun Parisien ne viendrait jusqu'ici si ce n'était pour profiter du nouveau centre commercial le plus moderne de Paris. Loin des standards parisiens, le design de **Beaugrenelle** comprend de jolies façades en courbes, vitrées, qui nous propulsent dans une ambiance américaine. Une passerelle futuriste relie les deux parties, construites en ovale. À l'intérieur, admirez les sublimes verrières signées par l'artiste Xavier Veilhan, dont les couleurs varient en fonction de la lumière extérieure. Ici, l'on trouve les grandes marques de la mode, un cinéma et quelques restaurants. Mangez chez **Cojean** qui propose d'exquises salades et des plats santé à savourer sur place ou à emporter.
[12 rue de Linois, 15e]

## Le jardin de senteurs

**146** Le **parc Georges-Brassens** tient son nom du célèbre chanteur qui a habité tout près, au numéro 42 de la rue Santos-Dumont. C'est un excellent endroit pour combiner plusieurs activités, si vous avez des enfants. Vous y trouverez quelques balançoires, des manèges, un mur d'escalade, et il est possible d'y faire des balades à dos de poney. C'est un parc riche en biodiversité naturelle, où l'on organise des ateliers autour de la vigne et du miel, car on y trouve quelques ruches. Pour aiguiser vos sens, parcourez le jardin de senteurs, rempli de plantes aromatiques et médicinales. Les étiquetages en braille permettent aux non-voyants de s'initier à la botanique. Pourquoi pas vous ?
[Rue des Morillons, 15e]

146

## Le meilleur barbecue coréen

**147** La fondue coréenne consiste à faire cuire sa viande directement sur un barbecue intégré au centre de la table. Pour une expérience absolue, le **Bong** est l'une des meilleures adresses de Paris. On vous servira une multitude de petits plats et une viande marinée exquise à faire griller sur votre barbecue personnel. Un conseil : demandez quelques leçons pour manger comme les Coréens, ou imitez les voisins. Ambiance décontractée. Sachez aussi que vêtements et cheveux seront imprégnés de l'odeur à la sortie ! [42 rue Blomet, 15ᵉ]

## Le parc de l'avenir

**148** Pour le grand bonheur des visiteurs, le **parc André-Citroën** est empreint de futurisme et d'esprit visionnaire, tant sur le plan du design que sur celui des thématiques proposées. Inauguré en 1992, il se trouve à l'emplacement de l'ancienne usine Citroën. Directement ouverts sur la Seine, les espaces sont aménagés pour les enfants en bas âge, mais aussi pour les adolescents. On y trouve une petite place entourée de 64 jets d'eau, sans oublier l'immense ballon à hélium dans lequel vous pourrez vous élever à 150 m pour admirer le site. [2 rue Cauchy, 15ᵉ]

À LA PARISIENNE

*French touch*

La *french touch*, c'est quoi ? Les belles matières et le savoir-faire. L'élégance à tout âge. L'importance de la signature olfactive, la connaissance des marques, l'art de la conversation (et de la repartie), et un respect absolu du chic et des bonnes manières.

# LES QUARTIERS CHICS

Admirer les plus beaux immeubles haussmanniens, s'extasier face au Grand Palais, découvrir les trésors cachés de l'avenue Montaigne, faire son marché dans l'ambiance village de la rue de la Pompe, flâner place Victor Hugo, se faire une expo au palais de Tokyo et s'installer à l'ombre du palais de Chaillot. Parce que tous les chemins mènent au Trocadéro.

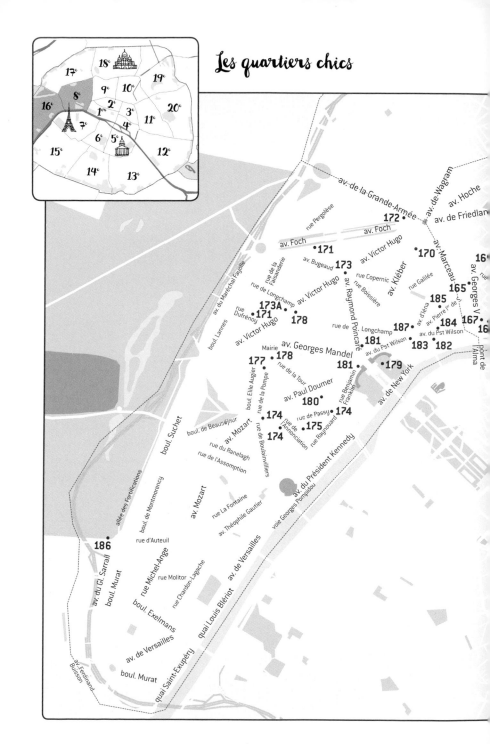

Les quartiers chics

## Les secrets de la Madeleine

**149** La Madeleine je ne me lasse jamais de l'admirer. Elle trône tout au bout de la rue Royale. Levez les yeux, admirez ses sculptures, ses escaliers remplis de fleurs. Priez à l'intérieur : c'est l'une des plus belles églises du monde ! La place qui l'entoure est un incontournable. Tout autour se trouvent des petits restaurants sympathiques, dont le **Paris-London** (A) [16 place de la Madeleine, 8e] que j'aime pour son ambiance animée et sa terrasse avec vue sur la Madeleine. Poursuivez avec une balade dans le petit **marché aux fleurs** qui existe depuis 1842. La **place de la Madeleine** était autrefois un immense marché aux fleurs et les quelques commerces qui subsistent aujourd'hui témoignent de cet héritage. À l'entrée est, sur la droite en regardant l'église, se trouve le **Foyer de la Madeleine**, un restaurant associatif où les plats sont concoctés avec amour par les sœurs de l'église. C'est quasi confidentiel et seuls les vrais Parisiens le connaissent. Plus loin, empruntez la **Galerie de la Madeleine** [9 place de la Madeleine, 8e], passage qui relie la place à la rue Boissy d'Anglas. Pour rester dans l'énergie des fleurs, mangez chez **Bread & Roses** [25 rue Boissy d'Anglas, 8e], un excellent restaurant comptoir (sur place ou à emporter) où l'on déguste de succulentes viennoiseries, quiches maison ou salades bios très santé.

149A

# Jean-Claude Ellena
## Le génie du toit Hermès

➤➤ ⸰⸰ ◀◀

**150** À trois battements d'ailes au-dessus de l'une des plus belles rues du monde, celle du Faubourg Saint-Honoré, se trouve l'espace vert le plus confidentiel de tout Paris. Le jardin sur le toit de la **Maison Hermès**, rue du Faubourg Saint-Honoré, est un secret bien gardé. Même les fans de sacs Birkin et Kelly ignorent l'existence de ce joyau tout droit sorti d'un conte de fées et malheureusement inaccessible au public. C'est ici qu'on tombe sur le refuge de l'un des plus grands nez de notre époque, Jean-Claude Ellena, parfumeur exclusif de la prestigieuse maison Hermès depuis 2004. Il est l'auteur de nombreux classiques : *First* de Van Cleef & Arpels, *Déclaration* de Cartier, *Eau Parfumée au thé vert* de Bulgari, *Eau de Campagne* de Sisley, ou *Cologne Bigarade* pour les Éditions de Parfums Frédéric Malle. C'est dans ce jardin parisien que j'ai eu la chance extraordinaire de le rencontrer pour discuter de ses créations parfumées.

Un sourire moqueur, un brin de folie qui relève du génie, il m'explique son rituel de création : « J'écris mes compositions olfactives sur des feuilles de papier comme on compose des chansons. Je commence à 8 h 30 le matin en relisant les compositions de la veille. Ensuite, je me mets à l'écriture et c'est reparti. Je peux écrire 10 à 15 fois par jour. Je suis très discipliné. Des fois, ça va vite, d'autres fois, c'est lent. Vite, ça veut dire une centaine d'essais ; lent, on parle de trois cents. Le parfum le plus rapide que j'ai écrit est *Jardin en Méditerranée*. J'y ai mis trois jours. Je savais ce que je voulais faire, c'était très clair dans ma tête », explique le maître des odeurs à qui l'on doit les mythiques parfums *Kelly Calèche*, *Eau des Merveilles*, *Un Jardin sur le Nil*, de même que l'inoubliable *Terre d'Hermès*.

Sa relation avec les odeurs ? « Pour moi, ce sont des matériaux de construction. Je les connais bien. Je connais leur caractère, leur physique, leurs appréhensions et les combinaisons possibles. C'est comme ça que je manipule les odeurs. Pour moi, le santal, c'est un bois voluptueux, caressant, souple. Le cèdre est un bois vertical. Je les vois physiquement, je les touche. Ensuite, il faut les mettre en scène, les habiller. Il y a une relation à la fois affective, fidèle et infidèle. » *Un Jardin sur le Toit* a été créé en hommage au jardin du n° 24 de la rue du Faubourg Saint-Honoré, un parfum gourmand de fleurs blanches et de pomme, un *spray* d'herbes folles et de magnolia...

Lorsque vous déambulerez rue du Faubourg Saint-Honoré, coin Boissy d'Anglas, levez les yeux au ciel. Vous voyez ce petit cavalier ? C'est un hommage à l'origine de la maison. [24 rue du Faubourg Saint-Honoré, 8ᵉ]

# L'ADN du haut Paris

Le chic à la parisienne fait partie de l'ADN d'une poignée d'héritiers de bonne famille qui ont appris à prononcer les mots «Dior», «Chanel» et «Hermès» en même temps que «maman» et «papa». Les Parisiens bourgeois ont reçu en héritage cette élégance naturelle, ce chic intemporel très-codé-sans-en-avoir-l'air, mais quasi sectaire pour «les autres». Ils ont fréquenté les mêmes écoles et se connaissent depuis le stade embryonnaire. Les Parisiens du 16e et du 8e se connaissent d'ailleurs tous de réputation. Dites le nom de l'un d'entre eux et les autres en dresseront l'arbre généalogique jusqu'à Napoléon. Ils savent se reconnaître parmi la foule: le bon *it-bag*, la bonne chaussure, la bonne adresse, la bonne attitude et surtout, les bonnes relations.

## Le square Louis XVI

**151** Une autre adresse secrète pour les amoureux d'architecture et d'histoire. Au cœur de ce square se trouve la chapelle expiatoire au design néo-classique original en forme de dôme. Le lieu est peu connu et pourtant, c'est ici même que furent inhumés le roi Louis XVI et Marie-Antoinette. Un endroit de recueillement dédié à la mémoire royale, où se trouve un très joli jardin entouré de rosiers blancs et de tombes fictives en mémoire de la Révolution française. Ayez une pensée pour les 3000 victimes qui y furent inhumées. L'emplacement fut aussi jadis l'ancien cimetière de la Madeleine. [Square Louis XVI, 8e]

## Le Village Royal

**152** Ce passage plein de charme situé à deux pas de la place de la Madeleine, à l'angle de la rue Royale, était jadis le marché d'Aguesseau, avec ses petits commerçants, bouchers, fromagers et poissonniers. Aujourd'hui, en l'espace de quelques mètres, à l'abri des grandes artères, vous plongerez dans une ambiance chaleureuse de petit village entièrement redessiné selon les codes du luxe et abritant des enseignes telles que Chanel et Dior. C'est ici que se trouvait au XVIIe siècle la caserne des fameux mousquetaires, garde royale de Louis XIII. L'été, mangez au calme sur la terrasse du **Village** [1 cité Berryer, 8e] qui appartient à l'empire des frères Costes, hôteliers et restaurateurs de renom. [25 rue Royale, 8e]

## Le bar à moutardes

**153** La moutarde est un savoir-faire français; on en trouve des petits pots partout! Tout le monde connaît la moutarde de Dijon, mais connaissez-vous les origines de la Maison Maille? C'est pour sauver les habitants de Marseille de la peste qu'Antoine-Claude Maille, distillateur-vinaigrier, crée un mélange antiseptique à base de vinaigre. En 1747, il ouvre sa première boutique à Paris et devient le fournisseur officiel de la cour du roi Louis XV. En 1845, la Maison Maille récidive à Dijon, en Bourgogne, région star de la production de moutarde. C'est ainsi que la moutarde de Dijon devient célèbre. Pour découvrir toutes les subtilités de la moutarde, visitez la **boutique Maille**, unique au monde, ouverte en l'honneur des 250 ans de la marque. On y trouve un bar à moutardes où vous pouvez recharger vos pots des moutardes fraîchement servies à la pompe. Découvrez les saveurs les plus audacieuses : moutarde au bleu; au chablis et brisures de truffe noire; au citron et harissa. Et parlez aux experts pour trouver les meilleurs accords moutarde et mets selon l'intensité – douce, moyenne, forte! [6 place de la Madeleine, 8ᵉ]

*« Ajoutez deux lettres à Paris: c'est le Paradis. »*

Jules Renard

## Le Zo caché

### 156

C'est MA cantine, puisque j'ai habité place Beauvau, juste à côté, pendant cinq ans. Situé à deux pas du palais de l'Élysée, dans une petite rue confidentielle, le **Zo** [13 rue Montalivet, 8ᵉ] a su conserver au fil des années la qualité de ses plats et son ambiance internationale. Ce que j'aime, c'est la carte variée qui ne s'est pas cantonnée dans un seul type de cuisine, ce qui est plutôt rare à Paris. On y mange donc de bons sushis, car il y a un chef sushis sur place, mais on peut aussi très bien commander un tartare, un burger, des pâtes absolument savoureuses, ou un carpaccio de betteraves. Pour tous les goûts et dans une super ambiance sans prétention. L'été, le restaurant possède aussi une très jolie terrasse, dans la cour du **Pavillon des Lettres** [12 rue des Saussaies, 8ᵉ], un très bel hôtel feutré, central, et pour le coup archi-sûr, car vous êtes à deux pas de l'Élysée.

## L'hôtel Bedford

### 154

C'est une excellente adresse à connaître, très bien située et à prix abordable. Les chambres sont confortables et le cadre est typiquement parisien. Même quand je ne séjourne pas à l'hôtel, j'aime aller bruncher sous la magnifique verrière colorée du restaurant **Le Victoria** pour y observer les fresques, petits anges et murs ornés de gravures somptueuses. Magnifique. [17 rue de l'Arcade, 8ᵉ]

## Buddha, l'hôtel

### 155

À quelques pas du faubourg Saint-Honoré et de l'Élysée se trouvent le tout nouveau **Buddha-Bar Hotel** et sa sublime terrasse pavée de 200 m². Situé dans un majestueux immeuble du XVIIIᵉ siècle, l'hôtel organise tous les jeudis des apéros festifs avec DJ, qui permettent d'observer la faune parisienne chic et de boire un verre sous les lanternes blanches qui s'illuminent à la tombée de la nuit. Cette partie du 8ᵉ arrondissement n'est pas la plus animée en termes de soirées branchées, mais c'est de loin l'un des quartiers les plus chics de Paris. Magique ! [4 rue d'Anjou, Paris, 8ᵉ]

## Les cocons Lancôme

### 157

La célèbre marque française **Lancôme** [29 rue du Faubourg Saint-Honoré, 8ᵉ] prodigue ici tout son savoir-faire. Le rez-de-chaussée est un espace boutique et maquillage, le premier étage est consacré aux soins. J'adore l'ambiance cocon des cabines, à l'étage, qui vous transporte dans une atmosphère futuriste où vous oubliez le moment, le lieu et l'espace, le temps d'un soin visage unique. Testez le massage corps avec Thibault, très reconnu auprès des VIP et clients de la maison. Il combine technique de massothérapie et technique énergétique pour rééquilibrer vos chakras comme par magie. Juste en face se trouve le **salon Coiff1rst** [52 rue du Faubourg Saint-Honoré, 8ᵉ], établi au fond de la cour, sous une immense verrière qui permet aux coiffeurs et aux coloristes de travailler à la lumière du jour.

# L'avenue Gabriel

**158** À partir de la place de la Concorde, empruntez l'avenue Gabriel, sublime et bordée d'arbres centenaires, qui longe plusieurs ambassades. C'est un îlot de verdure en plein cœur de la ville. Passez devant l'**Espace Pierre Cardin** [1 Avenue Gabriel, 8ᵉ], qui abrite un théâtre et de magnifiques salles de réception. Poursuivez votre route et longez les jardins du palais de l'Élysée. Vous verrez la grille du Coq, impressionnant portail de la demeure du président de la République, grille qui fut aménagée en 1905. Après avoir traversé l'avenue de Marigny, repérez l'immense porte rouge sur votre droite. Il s'agit de **La Réserve**

[nº 42] un nouveau cinq étoiles ultra-luxe. Les suites sont parmi les plus chères de Paris et offrent une vue extraordinaire sur la tour Eiffel et le Grand Palais. J'adore y boire un café ou me rendre au bar pour un rendez-vous d'affaires. Juste en face se trouve le restaurant **Laurent** [nº 41], une institution de la gastronomie parisienne. On y mange délicieusement bien, le service est impeccable et le décor, ultra-classique. C'est un lieu de tradition où le savoir-faire à la française est à l'honneur. Les baies vitrées donnent sur le carré Marigny, un très beau jardin. À l'arrivée des beaux jours, les tables sont dressées sur la terrasse-jardin, le midi comme le soir.

# La plus belle balade du monde

**159** Ma balade préférée à Paris consiste à partir de la place Beauvau, à deux pas de l'Élysée, et de marcher jusqu'aux Invalides. Empruntez l'avenue de Marigny, sublime artère bordée d'arbres, qui longe les jardins de l'Élysée. Passez devant le théâtre Marigny, puis traversez l'avenue des Champs-Élysées. Extase devant le Grand Palais et le Petit Palais, grandioses à toute heure du jour. Franchissez ensuite le pont Alexandre III, mon favori. Vous y verrez sûrement un couple de nouveaux mariés en pleine séance photo, ou alors l'arnaqueur de la « bague en or ». Surtout, ne lui donnez rien ! Inauguré pour l'Exposition universelle de 1900, ce pont impressionne avec ses sublimes lampadaires et sa vue sur la tour Eiffel. Devant vous, le dôme doré des Invalides offre un autre spectacle visuel inouï. En dix minutes, vous avez aperçu les plus beaux monuments de Paris. Votre cœur palpite ? Le mien aussi.

## Le nouveau Kinugawa

**162** Le **Kinugawa**, une institution de la gastronomie japonaise à Paris, vient d'ouvrir une nouvelle adresse, rue Jean Mermoz, dans l'ancien restaurant Tong Yen, très connu des Parisiens. Une excellente adresse pour savourer d'exquis sashimis et l'incontournable Black Cod grillé, mariné à la sauce miso, qui fait partie des 25 meilleurs plats servis à Paris. Clientèle ultra-sélect et très professionnelle à l'heure du lunch. Testez le Maguro No Taruto en entrée, éminicé de thon sur une galette craquante, tamara à la truffe blanche, sauce yuzukosho. Tout est dit! [1 bis rue Jean Mermoz, 8ᵉ]

## Le boudoir culte

**160** Derrière la porte noire, refuge des connaisseurs éclairés, se cache l'atmosphère intimiste du **Mathis**. Bar à cocktails et table ouverte toute la nuit; ceux qui aiment la fête connaissent le chemin. J'adore le décor boudoir, les banquettes de velours rouge et les lustres. Ce lieu culte, jadis très privé, était fréquenté par Yves Saint Laurent et ses tablées glamour. La partie bar et restaurant a récemment été reprise par les garçons de l'Experimental Group. Une icône des nuits parisiennes, intemporelle et loin des effets de mode. [3 rue de Ponthieu, 8ᵉ]

## Le parfait restaurant d'affaires

**161** Impossible de passer sous silence le **Market**, mon endroit favori pour un lunch d'affaires le midi. Les tables sont espacées, très loin des codes parisiens. On y trouve beaucoup d'hommes en complet-cravate. J'y ai déjà croisé Lenny Kravitz et Woody Allen. La carte est d'inspiration asiatique et on y mange un excellent tartare de thon. À l'arrivée des beaux jours, on sort sur la très jolie terrasse d'où l'on peut voir la tour Eiffel. Le soir, c'est plutôt calme. La clientèle est plus touristique et internationale. Vous êtes à deux pas des Champs-Élysées, du Grand Palais, du Petit Palais... Tout va bien. [15 avenue Matignon, 8ᵉ]

# Le haut Montaigne

**163** Dans les hauteurs de la très chic avenue Montaigne, sur le toit du **Théâtre des Champs-Élysées**, se trouve la **Maison Blanche** (A) [15 avenue Montaigne, 8ᵉ], l'un des plus beaux restaurants de la Ville Lumière. On y a une vue imprenable sur la tour Eiffel, la Seine et le dôme des Invalides. En été, la terrasse, dégagée et presque aérienne, est un joyau très prisé des gens d'affaires. En soirée, ce lieu romantique est souvent le cadre de demandes en mariage, de célébrations familiales et d'événements privilégiés à souligner. Un incontournable pour une occasion spéciale ou tout simplement pour jouir du cadre absolument divin. Profitez-en pour aller chez **Manko**, la porte d'à côté (nº 15 aussi), nouvelle adresse décalée qui propose une cuisine péruvienne dans un concept bar-cabaret.

## Le café-musée

**164** Le **musée Jacquemart-André** est situé dans un splendide hôtel particulier. C'est là que se cache la plus belle collection privée d'œuvres d'art de Paris, de la Renaissance italienne à la France du XVIIIe siècle. Rembrandt, Botticelli et Bellini font partie de la collection permanente et le lieu accueille de nombreuses expositions éphémères. J'aime l'ambiance château-musée, les salons d'apparat, l'escalier monumental, le jardin d'hiver et les appartements privés. Installez-vous dans la cour extérieure et ressentez la vibration de ce lieu unique qui appartenait à deux amoureux d'art, Nélie Jacquemart et Édouard André. Le **Café Jacquemart-André**, ultime snobisme des amoureux d'art et de lieux confidentiels, est situé à l'intérieur du musée et son accès est gratuit. L'un des plus beaux salons de thé de Paris! Chut! c'est secret. [158 boulevard Haussmann, 8e]

## Les fleurs de Jeff Leatham

**165** Gwyneth Paltrow, Kate Moss et George Clooney: toutes les stars font appel à lui pour leurs soirées ou événements privés. Pour ceux qui n'ont pas la chance inouïe de séjourner au **George V**, le détour en vaut la chandelle, ne serait-ce que pour admirer les impressionnantes créations florales de Jeff Leatham, célèbre directeur artistique floral. Cet ex-mannequin, qui a appris les rouages du métier auprès de son père fleuriste, est la star tendance de l'ornementation florale dans l'hôtellerie de luxe. Profitez de l'occasion pour prendre l'apéro au bar en écoutant l'incroyable pianiste. Admirez le faste des lieux. Vous êtes dans l'un des plus beaux hôtels du monde. [31 avenue George V, 8e]

## Le *concept-store* du Triangle d'or

**166** Amateurs de style et férus de mode, **Montaigne Market** est l'incontournable de la haute couture et des créateurs à voir au cœur du Triangle d'or parisien (le périmètre formé par les Champs-Élysées et les avenues George V et Montaigne). Accessoires, chaussures et vêtements de créateurs, etc. Ce *concept-store* de luxe, qui regroupe les plus grandes marques sous un seul toit, est l'endroit parfait pour repérer la bonne silhouette tout droit venue des podiums... avant de chercher l'équivalent dans les grandes surfaces. [57 avenue Montaigne, 8e]

165

## Les danseuses du Crazy Horse

**167** Moulin Rouge, Crazy Horse ou Lido : si vous ne deviez en voir qu'un, je recommande sans hésiter le **Crazy Horse**. C'est le bar-cabaret iconique à Paris, le plus glamour aussi, où collaborent de grands noms, par exemple Christian Louboutin, le premier créateur invité à réaliser quatre tableaux en 2012. Dita Von Teese, Noémie Lenoir et Arielle Dombasle s'y sont produites. Volupté, sensualité, créativité. Venez savourer un spectacle coloré, artistique et 100 % burlesque dans une ambiance rouge feutrée très parisienne. Vous pouvez manger sur place ou prendre des places assises pour le spectacle. Le bon plan : assister au spectacle depuis le bar, à l'arrière. Moins cher et tout aussi envoûtant. [12 avenue George V, 8ᵉ]

## L'Institut Guerlain

**168** La **boutique Guerlain** des Champs-Élysées est l'endroit parfait pour vous connecter à l'âme de cette grande maison de beauté et de parfums. La boutique a été entièrement rénovée en 2013 par l'architecte Peter Marino. Dans la partie historique, humez les créations exclusives de *L'Art et la Matière* ou *Les Parisiennes* et découvrez l'histoire de cette marque mythique ainsi qu'une impressionnante collection de flacons aux abeilles, inspirée de l'impératrice Eugénie. Au sous-sol, le chic restaurant **Le 68** propose une carte imaginée par le chef Guy Martin. Au deuxième étage, dans les anciens appartements de la famille Guerlain, se trouve l'Institut. Dans un somptueux salon aux orchidées, découvrez le « rituel des chaussons », dégustez un thé maison et profitez d'une consultation privée pour déterminer le déroulement de votre soin personnalisé. [68 avenue des Champs-Élysées, 8ᵉ]

167 168

170

## L'assiette Anastasia

**169** Les Parisiens se donnent rarement rendez-vous sur les Champs-Élysées. D'ailleurs, ils évitent le plus possible cette avenue! Si vous êtes dans le coin, le **Café Kousmichoff**, situé au-dessus de la boutique **Kusmi**, propose une cuisine franco-russe et les fameux thés Kusmi. Commandez la salade Tsar, le saumon gravlax ou l'assiette Anastasia (saumon fumé, crabe royal, œufs de saumon, tarama, concombres, sucrine, blinis et crème fraîche) ou la Bien-être (tartare de saumon, brochettes de légumes, soupe du jour, taboulé de quinoa, mesclun). Le cadre est sublime, c'est calme, et vous oublierez un instant le tumulte des Champs. [71 avenue des Champs-Élysées, 8$^e$]

## Le bar à champagne sur le toit

**170** Il y a très peu de terrasses sur les toits de Paris où l'on peut aller boire une coupe de champagne en observant la tour Eiffel. La terrasse située au 7$^e$ étage, sur le toit de l'**hôtel Raphael,** est à mon avis le lieu le plus romantique qui existe sur terre. Les tables sont réparties dans un petit jardin rempli de rosiers pour préserver l'intimité de la clientèle sélect. Arrivez tôt, à l'heure de l'apéro, surtout par une belle journée ensoleillée. Dégustez une savoureuse coupe de champagne avec quelques mignardises lors d'une occasion spéciale. Ce n'est pas donné, mais le spectacle qui s'offre à vous n'a pas de prix. Il est aussi possible de manger sur place, au restaurant, des étoiles plein les yeux. [17 avenue Kléber, 16$^e$]

## Voyage au XIXe siècle

**171** L'avenue Foch est l'une des douze avenues qui partent de la place de l'Étoile. C'est l'avenue la plus large de Paris, l'adresse la plus prestigieuse qui attire les plus grandes fortunes de la planète. Sa configuration est unique.

De part et d'autre, il y a un espace vert et 10 m de jardin privé pour chaque adresse. Pour une incursion au cœur de ces immeubles historiques, visitez gratuitement le **musée d'Ennery** [59 avenue Foch, 16e], un sublime hôtel particulier entièrement restauré et rempli de trésors datant du XIXe siècle. Les visites, sur réservation seulement, se font en tout petit comité et avec un conférencier. Au bout de l'avenue Foch, se trouvent la porte Dauphine et le début du bois de Boulogne. Pour une halte gourmande, empruntez la rue de la Faisanderie, sur votre gauche, et foncez droit chez **Schou** [96 rue de la Faisanderie, 16e], mon adresse favorite à Paris pour acheter pâtisseries, croissants, chaussons aux pommes... ou tout ce qui vous fera saliver.

## L'Arc de Lenny Kravitz

**172** C'est dans la chaleur de l'été 1836 que fut posée la dernière pierre de l'Arc de Triomphe. Situé dans un hôtel particulier, à l'ombre de ce célèbre monument, le **Victoria 1836** est un sublime restaurant entièrement redécoré par la designer parisienne Sarah Lavoine. Une vue exceptionnelle sur la place de l'Étoile, du velours, du laiton pour les luminaires, des jeux de miroirs, du marbre Saint-Laurent... Demandez la bibliothèque pour un rendez-vous au calme ou allez au bar pour un verre en bonne compagnie. Juste en bas se trouve **L'Arc**, boîte de nuit très chic où la direction artistique est signée Lenny Kravitz. [12 rue de Presbourg, 16e]

173

## La place Victor Hugo

**173** L'avenue Victor Hugo a souvent mauvaise presse parce qu'on la dit trop guindée. Pour ma part, je trouve que c'est l'endroit idéal pour faire un peu de shopping au calme. Depuis l'Arc de Triomphe, marchez jusqu'à la place Victor Hugo et flânez à **La Ferme d'Hugo** [5 place Victor Hugo, 16e], un *concept-store* de fruits et légumes. À l'intérieur, il y a un super bar à salades à emporter et une sélection de produits pointus et petites marques *foodies* émergentes. Pour une ambiance tout droit sortie des Années folles et de la Belle Époque, mangez chez **Le Petit Rétro** [5 rue Mesnil, 16e], inauguré en 1904, l'un des derniers vrais bistros parisiens. Découvrez une savoureuse carte française dans un décor orné de lustres en fer forgé et de moulures d'époque. Le bistro est inscrit au répertoire des monuments historiques. Plus tard, prenez un café chez **You Decide** (A) [152 avenue Victor Hugo, 16e], petite adresse cachée où l'on peut boire une infusion, un excellent café, ou manger un œuf bénédicte, brioche maison et avocat, le tout à prix tout doux et cuisiné avec des produits bios.

## Passion Passy

**174** C'est dans la rue de Passy que les femmes de ce quartier chic viennent flâner et se retrouver entre copines. Vous y trouverez les grandes marques connues, comme Zara, Guerlain et Kiehl's, qui côtoient quelques commerces figés dans le temps, comme le **Passy Plaza**. Tout au fond de l'impasse des Carrières se trouve la **Villa Passy** [4 Impasse des Carrières, 16ᵉ], un petit café qui possède un jolie terrasse en été. Arrêt à la boulangerie **Maison Desgranges** [6 rue de Passy, 16ᵉ] pour quelques plaisirs gourmands, puis au **marché couvert de Passy** [1 rue Bois le Vent, 16ᵉ], situé dans une halle au look des années 1950 qui détonne dans l'architecture haussmannienne du 16ᵉ. On y trouve une vingtaine de stands : poissonnerie, fromagerie, fleuriste, etc. Vous y croiserez peut-être le chef Alain Ducasse. Le bon plan pour combiner les essentiels d'un repas maison avec la parfaite virée shopping.

## Le salon de thé très cool

**175** Tout au bout de la rue Jean Boulogne se cache une petite place tranquille que même les habitants du quartier ne connaissent pas. C'est une adresse d'habitués : **Thé Cool**, ouvert il y a plus de 30 ans. L'espace très branché a été redécoré par Sarah Lavoine dans un esprit lumineux, *cosy*, et une ambiance des années 1950. Sur les murs, vous verrez des affiches vintage du magazine *Lui*. Dégustez-y une salade de quinoa très santé, un jus frais qui joue la carte rétro et une part gargantuesque de tarte au citron pour dessert. [10 rue Jean Bologne, 16ᵉ]

## L'ambiance village rue de la Pompe

# 176

À l'angle des rues de la Tour et de la Pompe, vous êtes propulsé dans un décor très villageois. La petite église, le chalet suisse, la boulangerie, le poissonnier et le boucher se côtoient dans une ambiance de savoir-faire et de produits raffinés. J'adore y faire mes courses. Un poulet fermier à la **Boucherie de la Tour** [64 rue de la Pompe, 16e], une incroyable sélection de fromages à la fromagerie **Aux bons fromages** [n° 64 aussi]... Profitez de leurs conseils avisés et choisissez le parfait bleu d'Auvergne, le bon reblochon ou un chèvre bien crémeux. Colette, la mère de Claude, tient la caisse. Pour les légumes bien frais, traversez juste en face. Bonne dégustation !

## Le repaire des tricoteuses

# 177

Voici un concept de boutique extra qui se spécialise dans la laine et le tricot en plus d'enseigner l'art du fil à tricoter. Il existe quelques boutiques de ce type à Paris, et **Une Maille à l'endroit** est la petite dernière. On y trouve une incroyable sélection de fils (laine, alpaga, cachemire, bambou, lin) classés joliment dans un impressionnant rangement mural, des livres sur le tricot, des aiguilles et des machines à tricoter. Du bonbon pour les amoureuses des mailles. [45 rue de la Pompe, 16e]

## Pilates et pâtisserie

**178** C'est au **Studio Pilates 16** que je pratique yoga et pilates en tout petit comité. J'adore la formule petit groupe et les professeurs hautement qualifiés. Choisissez Paola pour un Vinyasa Yoga ou Sandrine Bridoux, adepte du style de l'Américaine Tara Stiles, pour un cours de Strala Yoga. En sortant, dévorez une gâterie de la **Pâtisserie des rêves**, dans le même immeuble, parmi les meilleures douceurs de Paris. Le lieu possède un bar à choux unique et un charmant salon de thé. [111 rue de Longchamp, 16e]

## Les jardins du Trocadéro

**179** À quelques pas de l'impressionnant **palais de Chaillot** se trouvent les **jardins du Trocadéro**, créés pour l'Exposition universelle de 1878. Pour y accéder, empruntez les marches de la place du Trocadéro ou contournez le palais de Chaillot par l'extrême gauche. Posez-vous sur un banc et profitez de la quiétude des lieux à l'ombre de la tour Eiffel. C'est un endroit charmant composé de petits bassins, d'un joli pont et de sculptures. Parfait pour flâner, bouquiner, s'embrasser... Profitez de l'énergie des arbres ancestraux. Humez l'âme de Paris. Puis, marchez en contrebas du palais de Chaillot et installez-vous près de la **fontaine de Varsovie**, face aux impressionnants canons à eau. [Place du Trocadéro et du 11 Novembre, 16e]

## Comme des poissons

**180** C'est minuscule, neuf places seulement. On s'y sent légèrement à l'étroit, mais quel charme ! Ce japonais, qui ne paye pas de mine et dont raffolent les gens du quartier, détonne par son caractère authentique. Installez-vous sur l'un des tabourets de **Comme des poissons**, au grand comptoir. Savourez les créations du chef qui concoctera pour le bonheur de vos papilles d'exquis makis et sashimis servis sur un grand bol de riz. Esprit convivial et bonne ambiance. Réservation obligatoire. [24 rue de la Tour, 16e]

## Rendez-vous à la tour Eiffel

**181** Le Trocadéro est le premier lieu où je vais lorsque j'arrive à Paris pour m'ancrer dans l'énergie de la ville. Pour refaire le monde en terrasse à l'ombre de vos verres fumés, direction **Carette** [4 place du Trocadéro, 16e]. C'est un endroit certes très touristique, mais qui demeure le lieu de rencontre des vrais Parisiens du 16e arrondissement et le meilleur endroit pour se donner rendez-vous. Mangez un chausson aux pommes ou un extraordinaire assortiment de gourmandises sur place. Plus tard, prenez l'apéro ou dînez au **Café de l'Homme** [17 place du Trocadéro, 16e], un lieu exceptionnel situé à l'intérieur du Musée de l'Homme. En été, c'est la plus belle terrasse de Paris, avec vue sur la tour Eiffel.

## Bleu, Tokyo et Yoyo

**182** Amoureux d'ambiances *trendy* et *arty*, le **palais de Tokyo** est le lieu incontournable, considéré comme le rebelle de l'art contemporain. Venez vous faire une expo et bouquiner dans la librairie ouverte jusqu'à minuit. Attrapez une bouchée au café central, ou, pour une vue sublime sur la tour Eiffel dans une ambiance raffinée et branchée, descendez tout en bas, chez **Monsieur Bleu** [20 avenue de New York, 16e]. L'été, la terrasse *is THE place to be*. Pour prolonger les plaisirs jusqu'au bout de la nuit, rendez-vous au **Yoyo** [13 avenue du Président Wilson, 16e], la boîte du nuit du palais, l'une des meilleures adresses pour noctambules avertis.

## La même vue que chez Gustave Eiffel

# 183

C'est au **Shangri-La Hotel** [10 avenue d'Iéna, 16e] que se trouve l'un des lieux les plus prestigieux de Paris. Au septième étage de l'hôtel, la Suite Shangri-La s'étend sur 220 m² et comporte une terrasse privée de 100 m². La vue panoramique couvre de Montmartre au Trocadéro, en passant par le Grand Palais, Notre-Dame de Paris, le pont Alexandre III, le Panthéon, les Invalides, le quai Branly et la tour Eiffel. La suite coûte 20 000 euros la nuit. Pour la petite histoire, la maison voisine [5 place d'Iéna, 16e] est celle de Gustave Eiffel.

## Le musée de la Mode

# 184

J'aime le style Renaissance italienne du **Palais Galliera** [10 avenue Pierre Ier de Serbie, 16e], construit en 1888, qui abrite le musée de la mode de la Ville de Paris. Mangez au **Galliera** [n° 15], face au petit square adjacent rempli de roses, qui offre une vue sur le palais. Après le musée, visitez le jardin où l'on accède par l'avenue du Président Wilson. On y trouve un très joli bassin au calme et de magnifiques tilleuls, marronniers et séquoias. Le palais fut originalement conçu pour abriter la collection d'œuvres d'art de Marie Brignole-Sale, duchesse de Galliera, dont les initiales se trouvent tout en haut du portail d'entrée.

## Namasté au Tigre

**185** À quelques pas de la place du Trocadéro, pénétrez dans la cour intérieure d'un immeuble, puis traversez un petit jardin : vous voici dans le repaire du tigre. Concept unique et insolite du bien-être dans la Ville Lumière, le **Tigre Yoga Club** comprend à la fois un espace B (bar-bio-boutique-bibliothèque) by Café Pinson, un espace détente avec des livres spirituels, des expos photos, des vêtements *sportswear yogi* et des salles de massage, dont une, superbe, où l'on pratique le massage thaïlandais. L'espace, qui possède une seconde adresse Rive Gauche, est conçu comme un labyrinthe et comprend plusieurs salles de yoga, pilates et méditation. [19 rue de Chaillot, 16e]

## Les serres d'Auteuil

**186** Amoureux de botanique ? Vous avez des enfants ? Voici une activité qui sort de l'ordinaire et vous transportera dans une ambiance tropicale unique. Peu connues des Parisiens eux-mêmes, les **serres d'Auteuil**, édifiées en 1761, abritent plus de 5500 espèces de plantes et d'arbres de pays lointains, qui se révèlent dans toute leur splendeur sous l'immense structure métallique tout en verrière. L'espace est charmant, très romantique. Il est possible de faire une visite guidée. Bon à savoir : chaque année, un festival de musique classique s'y déroule. Un ticket de métro, et c'est gratuit ! [3 avenue de la Porte d'Auteuil, 16e]

## Les bambous géants du jardin bouddhique

**187** Envie d'évasion ? Entre deux séances de shopping, découvrez l'art asiatique et la culture nippone en plein cœur de Paris, au **musée Guimet** [6 place d'Iéna, 16e], un secret que peu de Parisiens connaissent. Découvrez l'art de la cérémonie du thé dans le pavillon du thé Chashitsu. Encore plus confidentiel : accédez au jardin bouddhique de l'**hôtel d'Heidelbach** [19 avenue d'Iéna, 16e], un superbe hôtel particulier rattaché au musée qui abrite le **Panthéon bouddhique** consacré à la collection privée de sculptures religieuses d'Émile Guimet. Le jardin se trouve tout au fond des salles du rez-de-chaussée. Lanternes, bassins, chemins de pierres, petits ponts en bois et bambous géants. Et c'est gratuit !

# Véronique André
## la critique gastronomique des chefs étoilés

➤➤ ⚬⚬ ◄◄

**188** Elle teste en moyenne 260 restaurants par année, connaît tous les chefs étoilés, les meilleures tables de Paris et fait trembler les attachées de presse de la haute gastronomie. Véronique André, critique *food* du *Figaro* et fondatrice du site FOUDE, est la plume la plus respectée de l'univers culinaire parisien. Ses textes sont un régal pour les sens, et sa personnalité, haute en couleur, ne laisse personne indifférent. Elle a un avis sur tout, vous dira HAUT ET FORT que c'était dégueulasse, ou alors, avec un cœur grand comme l'univers, vous donnera son approbation et son soutien infini.

Elle connaît les habitudes d'Alain Ducasse, les jeunes sous-chefs émergents, les vrais bistros authentiques où aller manger le meilleur canard laqué, la meilleure tarte au citron, le meilleur foie gras. C'est la seule qui puisse se permettre d'être au régime et de dire au chef Alain Passard qu'elle fait une cure « mono produit ». Elle n'a aucune tolérance pour le mauvais service, mais se délectera de découvrir de nouvelles pépites, à condition que ce soit dans les quartiers chics. Les grands restaurants font appel à son incroyable expertise pour avoir des critiques constructives.

Sa conception de la gastronomie en France aujourd'hui ? « Un peu trop imbue d'elle-même, elle croit encore être la première au monde, mais les jeunes chefs du monde entier apprennent le geste français et regardent les goûts d'ailleurs avec humilité et intérêt. » Son chef favori ? « Ça change, car ils changent, mais j'aime infiniment ce que fait Alain Passard. C'est un prodige. Il a inventé le bio vingt ans avant les autres. C'est le maître des produits. Sa technique de cuisson et son inventivité sont sans égales. »

En plus de ses critiques dans les grands médias, elle a signé plusieurs livres, dont un sur la cuisine de l'Élysée sous le règne du président Sarkozy. Elle a réussi à infiltrer ce lieu hautement gardé grâce à sa réputation de sérieux et à sa discrétion. « J'ai découvert à l'Élysée une équipe de gens de l'ombre qui travaillent au-delà de la politique. Les présidents passent, mais eux restent », me confie celle que vous croiserez dans un hôtel cinq étoiles et dans les nouveaux *hots spots* de la gastronomie, dégustant l'un de ses trois plats favoris (le poulet aux morilles, le caviar et le risotto aux artichauts) et un verre de saint-julien.

Ses meilleures adresses des 8$^e$ et 16$^e$ arrondissements ? **Apicius** de Jean-Pierre Vigato [20 rue d'Artois, 8$^e$]; **Le Grand Restaurant** de Jean-François Piège [7 rue d'Aguesseau, 8$^e$]; **Le Bristol** pour la cuisine d'Éric Frechon [112 rue du Faubourg Saint-Honoré, 8$^e$]; la **Maison Blanche** [15 avenue Montaigne, 8$^e$]; **L'Orangerie** du George V [31 avenue George V, 8$^e$], pour David Bizet; et la brasserie **Le Flandrin** [4 place Tattegrain, 16$^e$].

# SoPi
## et le
# CANAL SAINT-MARTIN

Partir à la découverte des lieux *hypes*
de SoPi (*South* Pigalle), se laisser tenter par les
commerces gourmands de la rue des Martyrs,
s'imprégner du métissage bobo-indien du faubourg
Saint-Martin et oublier le temps lors d'une balade
au canal Saint-Martin.

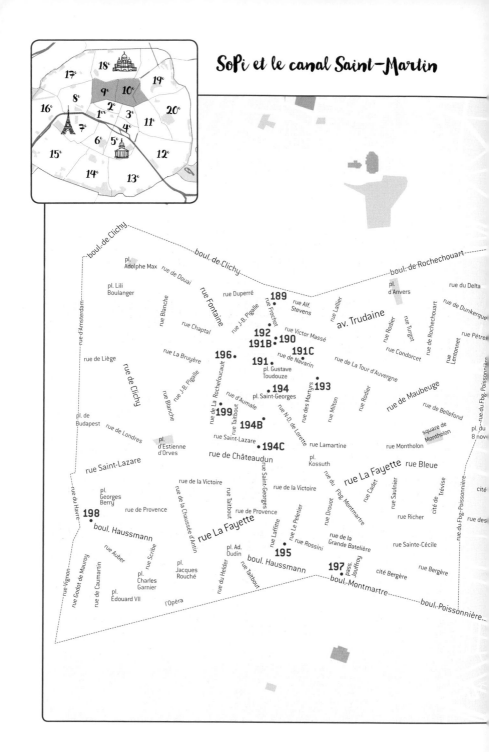

SoPi et le canal Saint-Martin

# SoPi

**189** Si vous vous baladez au sud du métro Pigalle jusqu'au métro Notre-Dame-de-Lorette, à l'intérieur du périmètre formé *grosso modo* des rues Blanche, de Maubeuge, de Rochechouart, de l'avenue Trudaine et du boulevard de Clichy, vous remarquerez partout la fameuse enseigne «SoPi», signature d'un des quartiers les plus excitants de Paris avec ses restaurants, hôtels et commerces émergents. SoPi? Traduisez par «*South Pigalle*», l'équivalent du SoHo new-yorkais (*South of Houston Street*). À la fois *arty*, bohème et branché, au passé des plus sulfureux avec l'emblématique Moulin Rouge, SoPi possède sa propre identité réinventée. Ici se dessine un nouveau Paris créatif où se presse une jeunesse dorée qui rêve de sortir du carcan bourgeois traditionnel! [9e arrondissement]

## Le fleuriste hipster

**190** À 32 ans, Pierre Banchereau a quitté son emploi de chasseur de têtes en entreprise pour devenir fleuriste. Il a créé sa propre boutique, **Debeaulieu**, en hommage à ses grands-parents qui lui ont transmis leur passion des fleurs. Amoureux de SoPi, il rêvait d'un espace épuré, à l'image de sa créativité, dans la rue Henry Monnier pour son côté aussi familial qu'artistique. Dans sa boutique remplie de vases chinés dans les plus belles brocantes de Paris, chaque bouquet est unique. Un créateur végétal en pleine éclosion. Parmi ses clients : Cerruti et Louis Vuitton. [30 rue Henry Monnier, 9e]

## La place No Stress

**191** La place Gustave Toudouze est l'une de mes favorites pour boire un café au calme, à l'abri de la circulation. Aucun restaurant extraordinaire, si ce n'est un indien plutôt moyen. Prenez plutôt un café ou l'apéro sur la terrasse du **No Stress Café** (A) [2 place Gustave Toudouze, 9e], avec les bobos du quartier. Pour manger un bout, montez un peu plus haut dans la rue Henry Monnier et testez **Buvette** (B) [n° 28], à l'ambiance new-yorkaise. Ici, mangez une tartine au jambon de Bayonne ou quelques scones accompagnés d'un café latté servi comme aux *States*, avec de jolis dessins dignes des grands *baristas*. Tout près de là, l'**Hôtel Amour** (C) [8 rue de Navarin, 9e] possède l'une des plus belles terrasses confidentielles en été.

# Les garçons de
# l'Experimental Group

→→ .°. ←←

**192** Ils gèrent et possèdent des restaurants, des bars à vins, des bars à cocktails et des hôtels à Paris, Londres, New York et Ibiza. Qui sont-ils? Les garçons de l'Experimental Group, un collectif de trois amis d'enfance contrastés et complémentaires (Romée de Goriainoff, Olivier Bon et Pierre-Charles Cros), partagent la passion de l'hospitalité *à la bien*. Comprenez: bien manger, bien boire, bien vivre, bien recevoir, bien voyager. À Paris, leur signature est gage d'extrême branchitude. Ils sont derrière l'**Experimental Cocktail Club**, le **Prescription Cocktail Club**, le **Ballroom**, le **Beef Club**, la **Compagnie des Vins Surnaturels**, le **restaurant de l'hôtel Bachaumont**, le **Grand Pigalle Hôtel**, le **Mathis**, etc.

Leur marque de commerce? «Nous créons des lieux dans lesquels nous serions nos premiers clients. C'est notre maxime de base. Nous avons toujours aimé les bonnes tables, les bons vins et les voyages. Le projet est donc parti d'une envie de créer des lieux dans des pays différents, qui regroupent la possibilité de proposer de la qualité dans toutes les étapes d'une expérience: le produit, le vin, les cocktails, voire l'expérience de l'hôtel», répondent-ils d'une seule voix. Qui fait quoi? «Nous sommes certes complémentaires et nous aimons penser que nous faisons les choses collectivement. D'ailleurs, toutes les grandes décisions sont prises collégialement. Personne n'est attaché à une position en particulier, par exemple personne ne s'occupe officiellement de la finance ou des RH. Notre but a toujours été de ne pas nous retrouver à faire un travail répétitif dans un bureau.»

Grands amateurs de *steakhouses* aux États-Unis ou à Londres, ils s'inspirent de certains concepts de New York où des restaurateurs travaillent directement avec des fermiers ou des éleveurs, sans intermédiaires. «Nous avons toujours rêvé d'en ouvrir un à Paris, et nous nous sommes mis à réfléchir sur les éléments qui constituent un *steakhouse*, à commencer par l'approvisionnement en viande. Petit à petit, nous avons carrément remonté la filière en Europe afin de trouver la meilleure viande possible, le meilleur éleveur. Cela nous a amenés dans le Yorkshire où nous avons rencontré Tim Wilson. Nous pouvions enfin réaliser notre rêve de viande *farm to table* avec les Beef Club. Pas de bouchers en intermédiaires, mais directement de l'éleveur à la table.»

Qu'est-ce qui fait courir les Parisiens, aujourd'hui? «Globalement, il y a une envie de comprendre qui est derrière les restos dans lesquel ils mangent, d'où vient le produit, et comment il est servi. Les gens sont moins obnubilés par le côté tendance ou non d'un lieu. On voit aussi plus de cuisine internationale: les cuisines coréenne, japonaise et mexicaine, qui étaient estampillées "ethniques", commencent réellement à être prises au sérieux par les Parisiens.» [29 rue Victor Massé, 9e]

## Les doux péchés des Martyrs

**193** Épicentre de SoPi, la rue des Martyrs est un condensé de gourmandises! Faites de cette rue un parcours pour le plaisir des sens et goûtez à tout sans culpabilité... sachant que le dénivelé vous permettra de brûler les calories absorbées au fil de la montée! Parmi les incontournables, de bas en haut, citons les huiles d'olive provençales d'Olivier Baussan chez **Première Pression Provence** [9 rue des Martyrs, 9ᵉ], les confitures bios de **La Chambre aux Confitures** [nᵒ 9], les incroyables dimsums de **Yoom** [nᵒ 20], les produits authentiques corses de **Terra Corsa** [nᵒ 42], **Popelini** [nᵒ 44], la crème des choux à la crème de tout Paris, et enfin **Rose Bakery** [nᵒ 46], réputée pour ses pâtisseries incroyables et ses brunchs du dimanche. Un peu plus haut, on adore l'ambiance cosy et la petite terrasse du **Café Marlette** [nᵒ 51] et son fameux brunch Marlette avec scones, fromages frais, jambon de Paris, assortiment de pains et de confitures, compote et granola. Tout en haut, à l'angle de l'avenue Trudaine, le **KB Caféshop** [53 avenue Trudaine, 9ᵉ], avec sa jolie terrasse où il fait bon être vu, est le QG des travailleurs *freelance*.

## La place Saint-Georges

# 194

Cette toute petite place circulaire est l'une des plus chics du 9e arrondissement. Le buste central, érigé en l'honneur de l'illustrateur Paul Gavarni, était jadis une fontaine destinée à faire boire les chevaux. Le lieu attire la faune branchée parisienne. Au moment où j'écrivais ces lignes, se tenait un shooting photo avec la rédactrice en chef mode du *ELLE France*, au café **À la Place Saint-Georges** (A) [60 place Saint-Georges, 9e]. Si vous souhaitez manger dans le coin, **Le Bon Georges** (B)[45 rue Saint-Georges], un peu au sud de la place, est un très beau bistro à l'ambiance typiquement parisienne. Un peu plus bas dans la rue Saint-Georges se trouve un excellent italien, le **Salsamenteria di Parma** (C) [no 40].

## Pour un pH équilibré

# 195

Amoureux d'alimentation vivante, de produits frais et de restaurants végétaliens, voici une excellente adresse tenue par Claudia et sa maman, Murielle, infirmière sophrologue, qui ne jurent que par le bio et le *cruelty-free*. L'intérieur du **PH7 Équilibre** est coloré, végétal, vivant, avec ses grandes fleurs dessinées au mur. Ici, tout est pensé et concocté pour respecter l'équilibre acido-basique du corps. Parmi les assiette proposées : L'essentielle, L'alcalinisante et la Grande soupe énergisante. [21 rue Le Peletier, 9e]

194A

194B

194C

*« Être parisien, ce n'est pas être né à Paris, c'est y renaître. »*
Sacha Guitry

## Le comptoir alimentaire

**196** Avec son design industriel, ses valeurs fortes et authentiques, et la mise en avant des traditions locales et des légumes anciens ou rares, le concept des boutiques d'alimentation **Causses** fait un carton à Paris. Bon à savoir : celle de Pigalle possède une très jolie cantine, ouverte de 11 h 30 à 15 h, où l'on peut déguster à prix tout doux d'incroyables salades, boulgours, œufs à la mayo de cresson, et poissons aux courgettes de jardin. [55 rue Notre-Dame-de-Lorette, 9e]

## Le passage Jouffroy

**197** J'adore tous les passages couverts, mais le **passage Jouffroy**, prolongement du très branché passage des Panoramas, est l'un de mes favoris pour son côté authentique, moins touristique. Une verrière baigne l'espace de lumière à toute heure de la journée et éclaire le magnifique carrelage. Ici se trouve une très jolie salle de réception confidentielle, **Le Salon des Miroirs** (A) [13 passage Jouffroy, 9e], qui ressemble à Versailles avec ses sublimes dorures. Tout au fond du passage, l'**Hôtel Chopin** [n° 46] est l'un des secrets les mieux gardés de la capitale avec ses 36 chambres au calme... Ici, tout est vieux et rien n'a changé depuis des années. Mais vous êtes dans le « vrai » Paris et le rapport qualité-prix est extraordinaire si vous cherchez une bonne affaire. De l'autre côté de la rue de la Grange Batelière s'ouvre le **passage Verdeau**, réputé pour ses antiquaires et ses boutiques de livres anciens. Il vaut aussi le détour pour **Holy Bol** [n° 23], un adorable thaïlandais qui s'y est niché.

196

197A

## Le toit du Printemps

# 198

Un passage au **Printemps**, luxueux grand magasin, est un incontournable, ne serait-ce que pour admirer l'incroyable coupole. Mon petit secret pour une vue panoramique sur le tout Paris se trouve au dernier étage (niveau 9 du bâtiment Beauté et Maison), sur la terrasse du **Déli-Cieux**, une cafétéria qui propose sandwichs et salades (rien d'exceptionnel). Cela dit, il n'est pas impératif de commander quelque chose pour profiter de la vue à 360 degrés qui s'ouvre d'un côté sur la Madeleine et l'Opéra, et, de l'autre, sur l'église de la Sainte-Trinité (impressionnant clocher) et le Sacré-Cœur. Le lieu est étonnamment peu connu. On en profite ! [64 boulevard Haussmann, 9e]

## La maison de Gustave Moreau

**199** Je suis tombée sous le charme de ce musée qui se trouve dans l'ancienne maison du célèbre peintre Gustave Moreau. Loin des grands musées parisiens, vous ressentirez ici une présence quasi mystique. Les planchers craquent et les murs, recouverts d'innombrables cadres, aquarelles et dessins, semblent parler. Avec son escalier central, ses armoires et ses placards, cette maison ressemble à un décor de cinéma, un lieu figé dans le temps et demeuré quasi intact, selon la volonté de l'artiste et professeur des Beaux-Arts qui invitait ses élèves à «respecter leurs visions intérieures» et à sortir des chemins tout tracés. [14 rue de La Rochefoucauld, 9ᵉ]

Appartement de
Gustave Moreau

Nombre limité de visiteurs
en raison de la petite
dimension des pièces.

# Melissa Unger
## La prêtresse de l'esprit

→>-°o-<←

**200** Mélissa Unger est née aux États-Unis d'un père américain et d'une mère française. Avant de s'installer à Paris, elle mène une vie de parfaite New-Yorkaise : une carrière en or, de l'argent, beaucoup de succès. « J'ai grandi dans un milieu socio-économique aisé. Je travaillais dans le milieu du cinéma ; j'étais l'assistante de Robert De Niro, de Daniel Day-Lewis. J'étais dans le stéréotype total. Hyper stressée, *overbookée*, un peu tarée. Je ne réalisais pas à quel point j'étais stressée, car c'était la seule vie que je connaissais », raconte-t-elle.

En 2000, son père décède des suites d'une longue maladie. C'est l'élément déclencheur qui incite Mélissa Unger à prendre un peu de recul. « Après la mort de mon père, je sentais que quelque chose n'allait pas. J'aimais beaucoup mon travail, mais j'étais devenue *workaholic*.

Une totale addiction qui était une fuite émotionnelle, car mes émotions étaient trop dures à gérer. Mais je n'étais pas consciente de tout ça. À l'époque, je croyais que j'allais bien. Mais j'étais complètement endormie », dit-elle.

Elle quitte donc son emploi de vice-présidente d'une agence de pub pour venir en France, chez sa grand-mère. À Paris, elle ne connaît personne et perd tous ses repères. Pas de boulot, pas de téléphone, pas de responsabilités ni d'obligations. « J'étais soudainement dans l'instant, face à moi-même, dans la vacuité et l'observation. Sans le savoir, j'ai déclenché un état méditatif. Je me suis installée à une table, dans un bistro, et j'ai commencé à écrire. À cet instant, il s'est passé quelque chose d'unique. Je me suis vue en train d'écrire. C'est la première fois que je voyais les choses en dehors de moi. En méditation, on appelle cela "l'observateur objectif". Mais, à l'époque, je n'avais aucune notion de méditation ni de spiritualité. »

Cet instant est un choc pour elle et transforme sa vie. Engagée dans un long cheminement personnel lié à son enfance, elle passe huit ans à essayer de comprendre ce qui lui est arrivé. Si elle raconte toute cette histoire personnelle, c'est pour expliquer son concept **Seymour +**, un « spa pour l'esprit » situé dans un lieu coupé de la technologie et du monde extérieur, où l'on peut se reconnecter avec soi-même [41 boulevard de Magenta, 10e]. « Seymour + est issu de cette quête psychologique où je me suis utilisée comme cobaye et pendant laquelle j'ai fait beaucoup de nettoyage. Il s'agit d'un parcours en cinq étapes. "Couper toute technologie et contact avec l'extérieur" : c'est moi qui arrive à Paris, loin de toute pression sociale et familiale.

"Se regarder dans un miroir": ça, c'est moi qui me demande "qui suis-je réellement?". Je ne vous raconte pas tout ce qui vient après. Mais c'est une quête et un vrai rendez-vous avec soi.»

Si le lieu attire des philosophes qui souhaitent discuter de conscience, de spiritualité et d'énergie, d'autres recherchent simplement une détente pour l'esprit ou une expérience pour s'amuser. D'autres encore sont à un tournant de leur vie et viennent chez Seymour + pour se retrouver avec eux-mêmes. «L'espace est très grand et lumineux. Ça ne coûte que sept euros. Chaque personne vit l'expérience différemment. J'ai construit le projet et le projet m'a construite. Seymour était le nom de mon père.»

Ses adresses favorites dans le quartier? **Les Douches** [5 rue Legouvé, 10ᵉ], une galerie d'art confidentielle établie dans d'anciennes douches publiques. Une balade dans la **rue Sainte-Marthe** [10ᵉ arrondissement], un joyau! Et **La Piñata** [25 rue des Vinaigriers, 10ᵉ], un magasin qui vend les essentiels d'une fête latino-américaine. Parce que rien n'élève mieux l'esprit que de faire la fiesta dans un petit appartement parisien!

## Les burgers du faubourg

**201** Entièrement décoré dans un style rétro chic d'inspiration Empire, le bistro **Le Napoléon** [73 rue du Faubourg Saint-Denis, 10ᵉ] est une référence du quartier, notamment pour sa terrasse ensoleillée. On y mange bien (authentique carte de bistro parisien); les burgers y sont excellents. Réservez la banquette tout au fond pour les groupes de huit. Si vous aimez les burgers, juste à côté se trouve **Mamie Burger** [nᵒ 75], nouveau concept pris d'assaut par les Parisiens. Et, un peu plus loin, le **Paris New York** [nᵒ 50] fait aussi partie des meilleurs burgers-frites à Paris. Un conseil: évitez le **métro Château d'Eau**, qui est moins bien fréquenté.

202 C

202 B

202 A

URFA DURUM
CHEZ SELAM

SANDWICH TRADITIONNEL KURDE

52 FAUBOURG SAINT DENIS

## Le néo-faubourg Saint-Denis

# 202

Nouveau haut lieu de la jeunesse branchée parisienne, la **rue du Faubourg Saint-Denis** (A) [10ᵉ arrondissement] est en pleine mutation. Riche en influences pakistanaises et indiennes, elle assure la transition entre le Paris bobo et les quartiers plus populaires des arrondissements du Nord et propose le meilleur des deux mondes. Ainsi, vous trouverez d'un côté un restaurant hyper design, le **52** [52 rue du Faubourg Saint-Denis, 10ᵉ], où manger un maki croustillant, un carpaccio de daurade ou une volaille dans un décor minimaliste; et, de l'autre, un boui-boui à pita kurde, **Urfa Dürüm** (B) [nᵒ 58], où vous pourrez vous restaurer sur un petit tabouret en terrasse. Ici se côtoient les messieurs en complet et la jeunesse multiethnique du quartier. Pour un *drink*, testez **Le Syndicat** (C) [nᵒ 51], cocktail club quasi clandestin dissimulé derrière une porte couverte de graffitis. Le **Floyd's** [11 rue d'Enghien, 10ᵉ], qui ne paye pas de mine vu de la rue, est réputé pour ses excellentes grillades. Tout au fond du couloir se trouve une superbe salle de restaurant au décor de bois brut. Mais, chut! c'est secret.

## Un amour d'hôtel

# 203

Trouver le grand amour rue de la Fidélité? Voilà qui fait rêver. Ouvert le 23 novembre 2015, 10 jours après les attentats de Paris, l'**Hôtel Grand Amour** [18 rue de la Fidélité, 10ᵉ] (A) a souffert les premiers jours des tristes événements, mais, depuis, c'est le nouveau *hot spot* du quartier. Il appartient aux mêmes propriétaires que l'**Hôtel Amour**, dans le 9ᵉ arrondissement [8 rue de Navarin]. Ici, installez-vous sur la petite terrasse chauffée, ou à l'intérieur, dans la partie restaurant. Ambiance romantique sur fond de musique lounge. Commandez un risotto de boulgour végétal ou une petite sole rôtie, puis des fromages de Laurent Dubois. L'hôtel compte 42 chambres, petites, moyennes et grandes, ainsi qu'un appartement.

## Un palais de verdure

# 204

Coup de cœur pour **La Fidélité**, cette brasserie chic au décor végétal imaginée comme un lieu de vie où il fait bon se ressourcer. Buvez un savoureux cocktail au grand bar en marbre noir ou installez-vous sur une banquette vert jungle assortie aux grandes plantes tropicales. Mangez une cuisine bistronomique sous les lustres dignes d'un palace. Atypique pour le quartier! [12 rue de la Fidélité, 10ᵉ]

203 A

# Le repaire ayurvédique

**205** Surnommé « Little Islamabad », le passage Brady est connu et cité dans tous les guides pour ses restaurants pakistanais et indiens. Le lieu est, selon moi, plus ou moins intéressant, à l'exception d'une toute petite pharmacie ayurvédique nommée **Velan**, tout au bout du passage. Une adresse que les Parisiennes se refilent de bouche-à-oreille et une mine d'or de produits naturels indiens, de thés et d'herbes médicinales pour harmoniser vos chakras et refaire le plein d'énergie vitale. Achetez un beurre de karité brut et non raffiné, une coloration végétale ou une poudre naturelle pour vous concocter un masque visage à la maison. Vous serez étonné de voir le nombre de personnes qui franchissent la porte de cette micro-institution ayurvédique.
[83-87 passage Brady, 10ᵉ]

## Une balade au canal

**206** Le canal Saint-Martin est le lieu parfait pour flâner par une journée ensoleillée. Traversez les petites passerelles (A) et marchez le long du canal en mode farniente. Le matin, prenez votre café chez **Rachel's sur le Canal** [72 quai de Jemmapes, 10e], la papesse du cheese-cake qui vient d'ouvrir cette nouvelle adresse dans l'Est parisien. Franchissez le canal en empruntant le petit pont piétonnier au coin de l'avenue Richerand. Vous vous retrouverez sur le quai de Valmy. Ici se trouve l'incontournable **Chez Prune** [36 rue Beaurepaire, 10e], terrasse mythique et QG des premiers bobos du quartier. Stop chez **Artazart**, librairie design [83 quai de Valmy, 10e]. Attrapez un sandwich chez **Du Pain et Des Idées** [34 rue Yves Toudic, 10e], une boulangerie fine qui date de 1870, classée monument historique. En soirée, l'**Hôtel du Nord** (B) [102 quai de Jemmapes, 10e], dont le décor a inspiré le film mythique *Hôtel du Nord* de Marcel Carné, est le bistro élégant par excellence pour manger dans un cadre romantique à la lueur des bougies.

206 A

## Les stocks de la rue de Marseille

**207** Si le canal s'embourgeoise, il reste encore quelques petites boutiques où trouver des aubaines. Pour le grand bonheur des *fashionistas*, la rue de Marseille est le paradis des « stocks » de marques, où l'on peut profiter de solides réductions sur les prix habituels. Vous y trouverez donc les **Stock Maje** [4 rue de Marseille, 10e], **Stock Claudie Pierlot** [no 6] et **Stock Les Petites** [no 11], ainsi que plusieurs boutiques de fringues. Après votre séance shopping, mangez chez **Mems** [no 1], un bistro moderne et décalé tenu par David et sa sœur, Deborah. Jolie terrasse ensoleillée.

206 B

## Le brunch alternatif

**208** Voici le lieu où aller, le dimanche après-midi, entre amis. Les meubles sont vieux, abîmés, déchirés, l'ambiance est bric-à-brac. On se croirait dans un décor de cinéma. Étrangement, on se sent divinement bien. Transporté. La musique fait rêver. À l'étage, une librairie recèle de petits trésors, comme *Le Journal d'Anne Frank*. De vieux livres, des antiquités, des fringues *vintage*: **Le Comptoir général** est à la fois brocante, musée, bar, cinéma et restaurant. C'est un lieu de rencontre comme on en voit rarement, qui véhicule la fraternité. Sa devise: «Contribuer à l'émergence d'un nouveau langage solidaire, responsable, ouvert, curieux d'ailleurs et d'autrement.» Testez le cocktail signature, la Secousse, à base de jus d'hibiscus (et de rhum aussi). [80 quai de Jemmapes, 10ᵉ]

## Dormir dans l'est parisien

**209** Établi dans la rue René Boulanger, derrière la porte Saint-Martin, l'**Hôtel Providence** est la nouvelle adresse de l'Est. L'immeuble, qui date de 1854, compte 18 chambres, dont une suite de 40 m² qui offre une vue imprenable sur les toits de Paris. On peut même apercevoir le Sacré-Cœur en prenant son bain. C'est aussi une super adresse en hiver, où vous pouvez boire un cocktail près du feu de cheminée. [90 rue René Boulanger, 10ᵉ]

*« L'être qui ne vient pas souvent à Paris ne sera jamais complètement élégant. »*

Honoré de Balzac

## L'Institut de Bonté

**210** Si vous ne deviez visiter qu'un seul endroit sur le quai de Jemmapes, ce serait celui-ci. L'**Institut de Bonté** est un voyage dans le vrai, un saut à la campagne chez un marchand de fruits et légumes. Dès l'entrée, vous êtes accueilli par des paniers de carottes, concombres et betteraves. Des herbes fraîches sont posées sur le comptoir. Ici, tout est en bois brut. Installez-vous au comptoir, face à la baie vitrée, pour admirer les reflets du soleil sur le canal Saint-Martin, ou alors à l'une des grandes tables en bois propices à la convivialité. Commandez un jus fraîchement pressé, une eau parfumée, un cake au chocolat bio. Rêvassez sur fond de musique folk. Bonheur. [84 quai de Jemmapes, 10e]

## La rue hippie pittoresque

**211** Dans le bas Belleville, la rue Sainte-Marthe est un petit joyau méconnu du 10e arrondissement. Bohème et de plus en plus branchée, elle vous charmera avec ses façades joyeuses et colorées. C'est ici que vivaient jadis les ouvriers de Paris; c'est pourquoi vous aurez l'impression de vous trouver dans un village. Il y a quelques années, la rue a fait peau neuve. Vous y verrez une foule de petites terrasses tranquilles, des brocantes deux fois par année, et des concerts à l'occasion. Côté gastronomie, l'ambiance est métissée; on y trouve des restaurants français, marocain, brésilien, rwandais et chilien. Pour rester dans l'esprit funky, faites un détour par **La Baraque A.** [31 rue Juliette Dodu, 10e], café, salon de thé, menu midi, brunch, etc., pour en admirer la façade colorée, digne d'*Alice au pays des merveilles*.

Les 11<sup>e</sup> et 12<sup>e</sup> arrondissements

# POPULAIRES et EFFERVESCENTS

Faire le plein de produits frais au marché d'Aligre, s'imprégner de l'ambiance « port de plaisance » du port de l'Arsenal, profiter des *happy hours* d'Oberkampf, tester les repaires *foodies* de la rue Paul Bert, et aboutir dans un bar clandestin, là où la nuit ne s'arrête jamais.

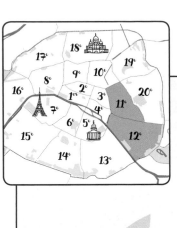

# Populaires et effervescents

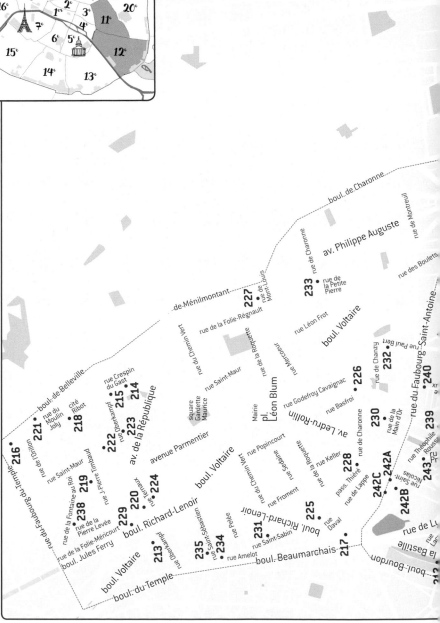

# Le port de l'Arsenal

**212** Pontons, petits bateaux, mouettes et restaurants de fruits de mer... Si, si, vous êtes bien à Paris ! Pour une ambiance « port de plaisance » en plein cœur de la ville, faites un stop au port de l'Arsenal, aussi appelé bassin de l'Arsenal, en contrebas de la place de la Bastille. C'est en réalité le prolongement du canal Saint-Martin qui débouche sur la Seine. Ici, baladez-vous près du jardin longeant le quai, faites un pique-nique au calme au bord de l'eau, ou installez-vous à la terrasse du Grand Bleu [67 boulevard de la Bastille, 12e]. Enfin, l'idéal, c'est quand même de connaître le propriétaire d'une péniche ! [12e arrondissement]

## L'*aperitivo* à l'italienne

**213** L'**Ober Mamma**, qui reprend le thème de l'*aperitivo* à l'italienne, est l'une des meilleures adresses du quartier Oberkampf. Dès 18 h, vous pouvez prendre un verre au bar et déguster à volonté (et gratuitement) les charcuteries de Toscane, le parmesan dont on expose les meules, et la mozzarella qui arrive tous les deux jours de Naples. Miam! À l'arrière se trouve une superbe trattoria. Mangez sous un arbre illuminé à côté d'un double four à bois. Les plats italiens traditionnels fusent dans ce lieu sublime qui possède aussi de très belles moulures du XIXe siècle et une verrière magnifique. La déco est signée Alexander Waterworth, jeune star montante londonienne. [107 boulevard Richard Lenoir, 11e]

## Le bar sur le toit

**214** Très prisé par les bobos du 11e arrondissement, **Le Perchoir** possède l'une des terrasses en hauteur les plus branchées de Paris. Rendez-vous vers 19 h 30 pour un apéro époustouflant avec vue sur les toits. Au loin, on reconnaît le Sacré-Cœur. La file d'attente peut parfois être longue. Le bon plan? Réservez pour le dîner. L'accès terrasse est compris dans le prix et on grille tout le monde à l'entrée (hé! hé!). Menu fixe à 50 euros qui comprend un mezze d'entrées, un plat et un dessert. Tout bio et à partager. Gaspacho de légumes avec fleurs de sureau, huîtres fraîches, chips de pommes de terre à l'encre de seiche, tartare de bœuf au gingembre. Petit bémol: service un peu long. Mais la vue est folle. [14 rue Crespin du Gast, 11e]

## Le musée de la Môme

**215** Partout dans le monde, *La vie en rose* est la chanson qui invite au rêve parisien. Tout au début de sa carrière, Édith Piaf a vécu dans le quartier de Ménilmontant. Aujourd'hui, son ancien petit appartement a été transformé en musée. On peut y entendre des extraits sonores et y voir une foule d'objets, accessoires, photos, lettres et vêtements qui ont appartenu à la Môme. Les visites sont possibles sur rendez-vous seulement. [5 rue Crespin du Gast, 11e]

## La cantine vietnamienne

**216** Situé tout près du métro Belleville, le **Dong Huong** est un immense resto vietnamien qui compte plusieurs salles. Le service est ultra-rapide, c'est bondé parce que les gens du quartier s'y retrouvent après un tournage pour un bon *bun* pas cher, ou le lendemain d'une soirée bien arrosée pour une grosse soupe tonkinoise réconfortante. À noter ! [14 rue Louis Bonnet, 11e]

217

## Le marché de la Bastille

**217** Tous les jeudis de 7 h à 14 h 30, et les dimanches de 7 h à 15 h, se tient sur le terre-plein du boulevard Richard Lenoir, entre la place de la Bastille et la rue Saint-Sabin, le plus grand et le plus hétéroclite des marchés du centre de Paris. Ici, vous trouverez des vêtements, des savons, des pashminas, des olives, du pain, du vin, des fromages, des fruits et légumes bios. Les poissonniers côtoient les artisans et les marchands de bijoux. C'est un pêle-mêle d'odeurs, de saveurs, de petites trouvailles. Un incontournable pour les amoureux des marchés et des produits frais. [Boulevard Richard Lenoir, 11e]

## Le café des scénaristes

**218** Le **Cannibale Café** est l'adresse numéro un des artistes, acteurs et scénaristes qui peuplent le 11e. À l'intérieur, un authentique décor rétro, un espace restaurant, un espace café, une grande terrasse couverte en cas de pluie et une autre en plein soleil pour les beaux jours. Le service est amical et on peut traîner longtemps pour écrire son scénario en sirotant un café ou un excellent chocolat chaud bien onctueux, spécialité de la maison. On y va pour l'ambiance plus que pour la bouffe, et aussi pour les soirées avec DJ. La « salle de travail » devient alors un espace pour faire la fête ! [93 rue Jean-Pierre Timbaud, 11e]

## Un apéro au 11ème Domaine

**219** Si vous aimez les planches de fromages-charcuteries et le bon vin, le bar à vin **Le 11ème Domaine** [14 rue des Trois Bornes, 11e] vous séduira. Très parisien, en bois brut, les murs couverts de bouteilles, c'est un lieu convivial où les habitués se retrouvent pour déguster importations privées et ardoises savoureuses de coppa, saucisson, chèvre coulant et confiture de figues. Le parfait apéro ! Dans la même rue, testez aussi **Les p'tites indécises** [n° 2], avec ses fenêtres, partout, qui vous donnent l'impression d'être dehors, sous une véranda.

## Aux Deux Amis

**220** Dans ce quartier festif, parfois survolté, se trouve un repaire de tapas haut de gamme franco-espagnols. On sert ici des petits plats absolument exquis. Autour de vous, des gens stylés, une super ambiance. **Aux Deux Amis** se pressent l'élite du coin et même les branchés de l'Ouest parisien qui acceptent volontiers de faire ce voyage «lointain» le temps d'une soirée! [45 rue Oberkampf, 11$^e$]

## Le Kyobashi

**222** Voici un vrai restaurant japonais à prix modeste. Il y en a plusieurs dans le quartier et tous ne sont pas de grande qualité, mais le **Kyobashi** est l'un des meilleurs. On y sert une farandole de petites entrées avant le plat, ce qui change de la traditionnelle soupe miso. C'est chaque fois une surprise et toujours délicieux. [117 rue Saint-Maur, 11$^e$]

## L'auberge de jeunesse la plus branchée

**221** Après avoir passé plus de 300 nuits en auberge de jeunesse partout dans le monde, Louis, Matthieu et Damien, trois amis d'enfance, quittent le milieu du conseil et de la finance pour fonder l'auberge de jeunesse la plus *trendy* de Paris. Situées à Belleville, à la frontière du 11$^e$, **Les Piaules** proposent un hébergement de qualité dans un super décor signé Kristian Gavoille, avec *rooftop* offrant une vue sur le tout Paris, pour 30 euros la nuit. Quatre chambres sont situées sur le *rooftop*; certaines sont privées. Même si vous ne dormez pas à l'auberge, je vous recommande fortement d'aller boire l'apéro au bar aux allures de loft new-yorkais. Ambiance internationale sur fond de musique DJ. Idéal pour rencontrer des gens de partout! [59 boulevard de Belleville, 11$^e$]

## Les *happy hours* de la rue Oberkampf

**223** On adore les nombreux 5 à 7 de la rue Oberkampf où il est encore possible de trouver des pintes de bière et des cocktails à moins de 5 euros et où presque tous les bars proposent le tarif *happy hours* jusqu'à 22 h. Allez **Chez Justine** [96 rue Oberkampf, 11$^e$] pour une coupe de champagne à 5 euros jusqu'à 21 h. Les musiciens profiteront du piano à queue. Le **Café Charbon** [n$^o$ 109] a gardé son décor d'autrefois et les murs sont couverts de peintures de l'époque des cabarets. Vous pouvez aussi vous promener dans la rue Oberkampf, entre l'avenue de la République et le boulevard de Belleville, pour découvrir les petits bars à prix doux.

## La rue Ternaux

**224** Comptez 152 m entre les rues de la Folie-Méricourt et Neuve Popincourt. Ce petit bout de rue, aussi appelé Village Popincourt, vaut le détour et constitue un havre de paix dans la fébrilité et l'ambiance festive de la rue Oberkampf. Ici se trouve le **Paris Féni** [15 rue Ternaux, 11e], un superbe restaurant santé qui propose des plats bangladais et indiens et une carte de jus de fruits frais délicieux. L'assiette de chapatis de saumon mariné est un délice; c'est frais, coloré et ultra-vitaminé. Faites un stop chez **Nils Avril** [no 19], une boutique de vêtements et d'accessoires féminins décontractés et branchés. Juste en face il y a l'**Ave Maria** [1 rue Jacquard, 11e] pour boire l'apéro ou manger une spécialité brésilienne. Ce lieu nous catapulte hors de Paris avec son décor orné de vierges latinos et de déesses hindoues. Toujours dans cette rue piétonne se trouve **Chambelland** [14 rue Ternaux, 11e], boulangerie avec pain sans gluten et petit restaurant italien avec de la pizza (sans gluten) vendue au poids. Le lieu est réputé pour sa pizza à la truffe et à la farine, faite avec du riz camarguais venant du moulin Chamelland, situé dans le sud de la France, qui appartient aux fondateurs, Nathaniel Doboin et Thomas Teffri-Chamelland. Petite rue au grand charme !

## Le bar planqué

**225** Les lieux qui font office de bars clandestins inspirés de l'époque de la prohibition n'ont jamais été si populaires à Paris. Planqué derrière une lourde porte métallique, celle de la supposée chambre froide, le **Moonshiner** est un super bar jazzy à l'ambiance tamisée qu'abrite en façade la pizzeria **Da Vito**. On aime le suspense et le petit côté interdit. Pour vivre heureux, vivons cachés ! [5 rue Sedaine, 11e]

## Le trio de Bertrand Grébaut

**226** Bertrand Grébaut (formé par le chef étoilé Alain Passard) a élevé la rue de Charonne au rang de la haute bistronomie parisienne avec **Septime** [80 rue de Charonne, 11e]. Ici, venez déguster aux côtés des fins gourmets une sélection de plats savoureux à prix abordable. Devant le succès fulgurant du lieu, le chef star a ouvert **Septime La Cave** [3 rue Basfroi, 11e] où sont servis d'excellents vins nature et planches revisitées en mode apéro gourmet. Sans oublier une troisième adresse du chef, **Clamato** [80 rue de Charonne, 11e], un bar à poissons réservé aux fruits de mer et aux crustacés, dont les plats sont concoctés par la Québécoise Érica Archambault, adulée pour sa célèbre tarte au sirop d'érable !

## Le studio photo très mode

**227** Paris est l'une des capitales de la mode et de la haute couture, où se côtoient les plus grands et créatifs photographes. Amoureux de mode, sachez que **Le Petit Oiseau Va Sortir** est l'un des plus grands studios de photo à Paris. C'est ici, tout près du Père Lachaise, que se déroulent certains des plus grands *shootings*. L'espace, la lumière, l'éclairage : tout y est magnifique ! J'adore la ruelle confidentielle, aux allures de petit village, qui mène au studio. Surtout lorsqu'on connaît tout le glamour qui se cache derrière... Depuis quelques années, l'espace organise des portes ouvertes en novembre, pendant le Mois de la photo. Une belle occasion de voir les coulisses de la mode parisienne ! [7 rue de Mont-Louis, 11e]

## La galerie d'art urbain

**229** Élevé au rang d'art global, le *street art* s'invite de plus en plus dans les galeries. Si vous êtes de passage à Paris, surveillez les expositions de la galerie **Openspace**, la première consacrée à l'art contemporain urbain international. Le lieu innove et expose aussi bien les figures historiques du *street art*, tel Ernest Pignon-Ernest, que les talents émergents comme Levalet. [116 boulevard Richard Lenoir, 11e]

## Le bar le plus rock

**230** Un grand bar, des murs qui disparaissent sous les affiches, des lumières rouges tamisées, des bougies, une faune rockabilly : si vous aimez l'ambiance rétro et décalée, une soirée s'impose au bar **Le Fanfaron**, véritable temple du rock. Le lieu, qui se remplit à craquer à partir de 19 h, passe en boucle les bons vieux hits des années 1960 pour la plus grande joie d'une foule parisienne éclectique absolument géniale. Elvis, Iggy Pop, Gainsbourg, Dutronc, de bons vieux vinyles et des cocktails à prix doux. [6 rue de la Main d'Or, 11e]

228

## La botte artisanale

**228** Les Parisiens vouent un grand respect aux traditions et au savoir-faire artisanal. **La Botte Gardiane** [25 rue de Charonne, 11e] fait partie des classiques des Parisiennes. Cette marque originaire de la Camargue a fait son succès grâce à la botte Gardiane, son grand classique, un modèle un peu western, tout cuir, entièrement confectionné à la main. On y trouve aussi une belle sélection de sandales et une foule d'accessoires. La toute première boutique de la marque est dans le 11e, mais il y a une seconde adresse dans le Marais [25 rue du bourg Tibourg, 4e].

## Le parfait italien décontracté

**231** Coup de cœur pour **Amici Miei**, un restaurant italien qui fait le bonheur des gens de la rue Saint-Sabin. La pizza est savoureuse et le décor, à la fois moderne et décontracté, est authentique et sans prétention. Bref, un bon restaurant de semaine. Arrivez tôt ! [44 rue Saint-Sabin, 11e]

## La rue des *foodies*

**232** Si la rue du Nil a son Frenchie et la rue de Charonne, son Septime, la rue Paul Bert fait aussi partie de l'élite des rues gourmandes grâce aux quatre établissements du chef Bertrand Auboyneau. D'abord, **Le Bistrot Paul Bert** (A) [18 rue Paul Bert, 11ᵉ], pour une classique entrecôte-frites, dans une ambiance authentique. Si **L'Écailler du bistrot** [n° 22] est consacré aux produits de la mer, le **6 Paul Bert** [n° 6] est plus moderne et propose une sélection de plats réinventés de type bistronomie. Finalement, **La Cave** (B) [n° 16] propose d'excellents vins nature et de petits plats mitonnés par le Québécois Louis-Philippe Riel (ancien chef du 6 Paul Bert). Amoureux de cuisine, faites un stop à la boutique **La Cocotte** [n° 5] pour voir une sélection d'articles de cuisine dernier cri.

## Un ping-pong au square Colbert

**233** Si vous êtes rue de Charonne, allez au n° 159 et poussez la grille. Le square Colbert, magnifique et méconnu parce que quasi introuvable, est caché dans la cour d'un hôtel particulier du XVIIIᵉ siècle, qui était autrefois une pension de santé. Un bon endroit pour faire un pique-nique au calme, jouer au ping-pong en plein air ou se poser avec un bon livre. Une belle adresse si vous avez des enfants, car le parc possède aussi une aire de jeux et même un petit jardin (le jardin Marcotte) qui propose des ateliers de jardinage gratuits! [159 rue de Charonne, 11ᵉ]

LE BISTROT PAUL BERT

232 A

232 B

Cave Paul Bert

235

## L'hôtel Les Jardins du Marais

**234** Voici un hôtel absolument charmant et très bien situé, qui cache derrière sa façade l'une des plus grandes terrasses à ciel ouvert de Paris. Une cour pavée de 1500 m², baignée de soleil, offre un havre de paix à l'abri de l'effervescence parisienne. L'hôtel **Les Jardins du Marais** organise à l'occasion des cours de yoga en plein air, sous une superbe verrière. [74 rue Amelot, 11ᵉ]

## Le bistro retranché

**235** Établi dans une rue calme du 11ᵉ, **Au passage**, ce « squatrade de quartier », comme disent les proprios, possède tout le charme d'un bar à tapas et d'une auberge de petit village. Dans un décor simple, on sert d'excellentes petites assiettes de type bistronomie du marché. La carte est inscrite sur une grande ardoise et propose une dizaine de mini *raciones*. Sans chichi, tout est absolument exquis et le rapport qualité-prix est excellent. [1 bis passage Saint-Sébastien, 11ᵉ]

## L'authentique marché d'Aligre

**236** Ouvert tous les jours sauf le lundi, le marché d'Aligre [place d'Aligre, 12ᵉ] est l'un des plus riches et authentiques marchés de la ville. Produits frais du maraîcher, rôtisseries, légumes bios et rares, carottes qui sentent la terre fraîche, petits concombres de Jordanie, citrons du Brésil, mangues du Pérou, grenades de Turquie, tomates de Sicile! Quelques stands de brocante sont érigés au centre. Imprégnez-vous de l'ambiance dans l'un des cafés qui bordent la place ou testez **The Bottle Shop**, tout près, un pub où l'on peut boire des pintes sur fond de musique rock'n'roll. On y sert d'excellents brunchs le dimanche. [5 rue Trousseau, 11ᵉ]

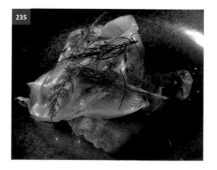

235

## La rue la plus colorée

**237** Envie de lilas, de vert pomme, de jaune doré ? Par temps gris ou ensoleillé, ajoutez de la couleur dans votre journée en faisant un détour par la **rue Crémieux**, une voie piétonne à deux pas de la gare de Lyon, qui connaît le succès grâce à ses façades *tutti colori*. On se croirait en Italie du Sud ou à Notting Hill. Certaines façades de briques sont même ornées d'arbres. Un voyage solaire long de 144 m. [Rue Crémieux, 12ᵉ]

## La cantine zen vegan

**238** Chez **Soya**, véritable refuge santé, tout est à 99 % bio, vegan et sans gluten. Un vrai bonheur pour les végétariens qui se délecteront de la carte variée et savoureuse dans un décor urbain de style loft industriel. Le soir, les tables de bois sont éclairées à la lueur de jolies bougies. Au programme : mezze à partager, caviar végétal, tartare d'algues fraîches, maxi-salades et délice de caramel salé et chocolat sans gluten. [20 rue de la Pierre Levée, 11ᵉ]

## L'apéro sur le trottoir

**239** Minuscule, mais quelle ambiance ! Si vous êtes à deux pas du marché d'Aligre, **Le Baron Rouge** est un incontournable pour un apéro festif. Buvez un bon cru et mangez quelques huîtres et des planches de charcuteries ou fromages du terroir dans une ambiance chaleureuse typiquement parisienne. À défaut d'avoir une place à l'intérieur, poursuivez la discussion sur le trottoir, comme le veut la tradition. [1 rue Théophile Roussel, 12ᵉ]

## La valeur sûre du quartier

**240** Un autre bistro, direz-vous, mais **L'Ébauchoir** est une icône du 12ᵉ ! Un carrelage noir et blanc, des miroirs, des fresques du vieux Paris sur les murs, des tables de bois rapprochées, une valeur sûre à la fois chaleureuse et élégante où déguster un savoureux foie gras poêlé, des huîtres en ceviche ou un merlu sauvage de Normandie sur une superbe terrasse au calme en été. [43-45 rue de Cîteaux, 12ᵉ]

241

# Un *running* à la Coulée verte

**241** Située sur une ancienne voie ferrée, la **Coulée verte René-Dumont** est une superbe balade qui débute à la place de la Bastille et qui s'étend jusqu'au square Charles Péguy. L'occasion de visiter les 11ᵉ et 12ᵉ arrondissements en faisant un peu de sport. Commencez la randonnée à l'Opéra Bastille. Marchez dans la rue de Lyon, puis montez les escaliers sur votre gauche, à l'entrée du parking. Vous serez alors sur les hauteurs du viaduc des Arts, un emblème du paysage du 12ᵉ avec ses voûtes et ses grandes verrières qui abritent une foule de petits ateliers d'art au niveau de la rue Daumesnil. L'été, le chemin se couvre de fleurs et d'une végétation luxuriante. C'est magnifique. Vous franchirez aussi un très joli pont au-dessus du boulevard Diderot. Poursuivez votre marche jusqu'à la hauteur de la rue Montgallet et empruntez la passerelle qui surplombe le jardin de Reuilly. Une mer de verdure pour faire le plein d'oxygène.

## Les secrets du faubourg Saint-Antoine

**242** J'adore me balader dans la **rue du Faubourg Saint-Antoine** (A) où l'on trouve une foule de boutiques accessibles, dans une ambiance populaire très animée. En plein cœur de cette effervescence se cache le **passage du Chantier** (B), une ruelle pavée, figée dans le temps, consacrée à l'artisanat du bois et remplie d'enseignes et de cours intérieures. Une jolie parenthèse hors du temps où les blogueuses adorent se faire prendre en photo pour montrer un Paris authentique. Plus loin se trouve la librairie **L'Arbre à Lettres** (C) [62 rue du Faubourg Saint-Antoine, 12ᵉ] qui propose une superbe sélection d'ouvrages de littérature française. Rendez-vous à la section pour enfants, baignée de lumière grâce aux grandes baies vitrées. Celles-ci donnent sur la très belle cour du Bel-Air, bordée de vignes, à l'emplacement d'un ancien hôtel particulier.

242 B

## La designer 100 % Bastille

**243** Nathalie Dumeix, c'est le nom d'une vraie modeuse et celui d'une marque 100 % parisienne qui possède une seule boutique, ici, en plein cœur du quartier de la Bastille. Tous les produits sont *made in* France. On y trouve de jolis cardigans, pulls et robes pour un look très Jane Birkin qui colle parfaitement aux codes de l'élégance à la française : chic et décontracté. [10 rue Théophile Roussel, 12ᵉ]

## Le restaurant des enfants

**244** Séverine Haïat et Élisabeth Conter ont imaginé le lieu dont tous les parents rêvent ! Situé dans l'enceinte de la Cinémathèque française, **Les 400 coups** est un café-restaurant qui propose (le week-end seulement) un menu adapté aux enfants et un espace de jeux immense avec des écrans, des ombres chinoises et des livres. Des chaises hautes sont à disposition et, en été, il y a une grande terrasse pour profiter du soleil ! Pour les adultes, le lieu est ouvert toute la semaine. Une excellente adresse pour combiner un bon repas avec un film de la programmation de la cinémathèque. [51 rue de Bercy, 12ᵉ]

242 A

242 C

→→→⟩⟩★⟨⟨←←←

# MONTMARTRE
## et les
# BATIGNOLLES

Grimper les escaliers du Sacré-Cœur,
déambuler dans les vignes du Clos Montmartre,
flâner à la place des Abbesses, refaire le monde
au Dada près des Ternes, croquer dans
les Merveilleux de Fred, faire son marché
rue de Lévis et tomber sous le charme
des Batignolles.

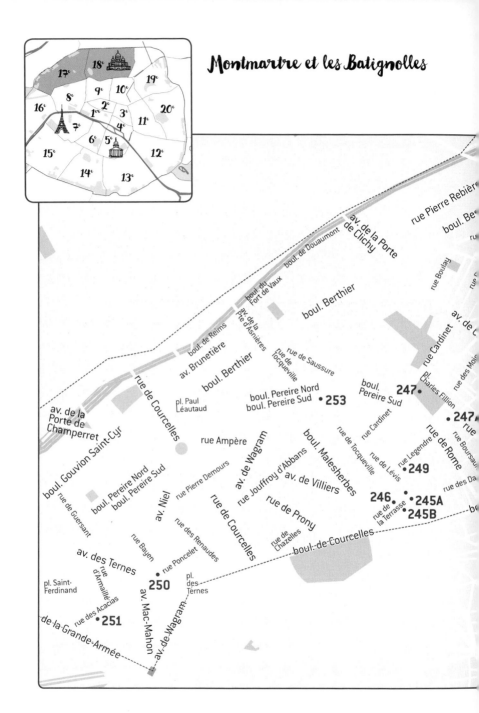

Montmartre et les Batignolles

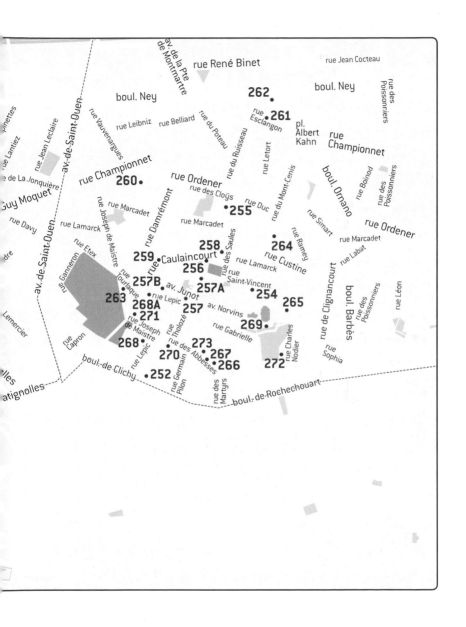

RESTAURANT *Brigitte*

245 B

## La rue de Lévis

**245** La petite **rue de Lévis** (A) est l'une de mes chouchous. J'aime son côté authentique. Elle est piétonnière entre le boulevard des Batignolles et la rue Legendre. Vous y trouverez quelques marchands de fruits, une rôtisserie, un fromager, une boulangerie, une librairie, un Monoprix, quelques boutiques de vêtements aussi, bref, tout ce qui fait le charme d'une parfaite rue marchande. Les Parisiens viennent s'installer pour boire un café au **Village Café** [22 rue de la Terrasse, 17$^e$]. L'hiver, la rue est décorée de jolies lumières. Pour manger dans les parages, allez chez **Brigitte** (B) [16 avenue de Villiers, 17$^e$], un chaleureux bistro français à la super ambiance et à la clientèle fidèle. Son propriétaire, Charles-Henri Poisson, vous accueillera avec le sourire! Le lieu possède aussi une très jolie terrasse en été.

## L'incroyable Merveilleux

**246** L'Impensable, l'Incroyable, le Sans-Culotte, l'Excentrique, le Magnifique! Si vous devez acheter un dessert pour un dîner entre amis, ce sont les gâteaux qu'il vous faut. Rien de plus savoureusement branché que la pâtisserie **Aux Merveilleux de Fred**. Pendant la période des Fêtes, la queue est longue pour avoir son «Merveilleux». L'histoire de ce succès a débuté en 1982, lorsque Frédéric Vaucamps (Fred) a ouvert sa première pâtisserie artisanale dans le Vieux-Lille. Sa spécialité: la meringue enrobée de crème fouettée parfumée, pâtisserie traditionnelle du nord de la France et des Flandres. Il y a quelques boutiques dans Paris, mais celle du 17$^e$ est située à l'angle des rues de Tocqueville et de la Terrasse, cette dernière étant une autre de mes favorites. Tout est frais et la production se fait sous vos yeux. Vous pouvez acheter un gâteau entier ou des versions mini pour déguster. [7 rue de Tocqueville, 17$^e$]

# Le charme des Batignolles

**247** Le quartier niché entre la rue de Rome et les voies ferrées de Saint-Lazare, l'avenue de Clichy, la rue Cardinet et le boulevard des Batignolles, se nomme le **quartier des Batignolles**. À la fois bobo, *arty*, familial et résidentiel, ce quartier est en plein essor. Pour vous imprégner de l'âme des Batignolles, mangez à **L'Endroit** (A) [67 place du Docteur Félix Lobligeois, 17$^e$] ou sur l'une des jolies terrasses de la place. Ouvert tous les samedis de 9 h à 15 h, **le marché biologique des Batignolles** (B) [boulevard des Batignolles, sur le terre-plein entre les n$^{os}$ 27 et 35 dans le 8$^e$ et entre les n$^{os}$ 34 et 48 dans le 17$^e$] est rempli de produits 100 % bios. Pour une pause au calme, le **square des Batignolles** [147 rue Cardinet, 17$^e$] a été conçu comme un jardin à l'anglaise, avec une grotte, une rivière, une cascade et un bassin où viennent s'abreuver les oiseaux.

LES 17$^e$ ET 18$^e$ ARRONDISSEMENTS

# Romano Ricci
## Le parfumeur romantique à chapeau

➤➤ ⸛ ⸙ ◄◄

**248** Romano Ricci est l'arrière-petit-fils de Nina Ricci, l'illustre couturière. Son grand-père, Robert Ricci, a créé le parfum mythique *L'Air du Temps*. C'est en usant de son flair et de son héritage familial que Romano a lancé en 2007 sa propre marque de parfum, *Juliette Has a Gun,* pour la jeune romantique moderne. « L'idée du personnage, c'était d'avoir ce côté un peu romantique, la Juliette qui est à la recherche de l'homme de sa vie, et, de l'autre, le Gun qui viendrait casser tout ça. Le petit diable qui dit : "Mais il y a plein de choses à goûter dans ce monde, faudrait peut-être pas s'arrêter !" » Ses parfums aux sillages marqués et très puissants sont aujourd'hui vendus aux quatre coins du monde.

Entre ses voyages, Romano Ricci demeure un authentique Parisien. « J'aime Paris. Je trouve que cette ville a une âme. C'est toujours difficile à expliquer, mais je suis encore fasciné par sa beauté, ses monuments. Ils ont vraiment fait un super boulot pour les rénover. Je trouve aussi que c'est une ville particulièrement propre, je me rends compte de la différence quand je voyage à l'étranger. Et puis les filles y sont jolies, elles ont du goût, et c'est aussi une ville où on mange bien. Ça me suffit, finalement ! »

Avec un peu de chance, vous verrez peut-être Romano déjeuner dans le 17e arrondissement où sont ses bureaux, ou dans le 8e, tout près. **Les Gourmets des Ternes** [87 boulevard de Courcelles, 8e] est son bistro parisien favori, car on y sert, selon lui, la « meilleure viande *ever* ! ». Le parfumeur ne sort jamais sans son chapeau noir orné d'un très joli ruban rouge, blanc ou violet. Tous ses chapeaux viennent d'ailleurs de chez **Motsch** [42 avenue George V, 8e], célèbre marque fondée par Ernest Motsch, puis rachetée par Hermès. « Ils ne sont pas faits sur mesure, mais je leur apporte un gros grain (ruban) qu'ils adaptent au chapeau pour moi. » Romano Ricci est un mystérieux dandy, un fin gourmet et un amoureux de la nuit parisienne et des soirées en petit comité dans son cercle très fermé. Et c'est l'un des personnages les plus attachants que je connaisse. Son adresse favorite à Paris ? « **Caviar Kaspia** [17 place de la Madeleine, 8e]. J'adore l'ambiance et raffole de la pomme de terre Vladivostok, une de leurs spécialités. »

250 A 250 B

## Le bistro de Mitterrand

# 249

**Chez Léon,** lieu mythique depuis 1934, a vu passer le général de Gaulle, Georges Pompidou et François Mitterrand. Tous deux passionnés de produits frais et du terroir, Victor et Julien ont repris ce lieu et l'ont transformé en une véritable brasserie parisienne. Testez l'incroyable carpaccio de poulpe confit ou la formule du midi à 16 euros pour les petits budgets. [32 rue Legendre, 17$^e$]

249

## Le Dada

# 250

Tous les Parisiens ont un jour ou l'autre refait le monde sur la terrasse du **Dada** [12 avenue des Ternes, 17$^e$], en mode apéro festif où le rosé coule à flot. La terrasse se remplit à craquer dès les premiers rayons de soleil. J'aime aussi l'ambiance village de la rue Poncelet (A) qui fait l'angle et abrite l'un des plus beaux marchés de Paris. Parmi les commerçants, citons la délicieuse fromagerie **Alléosse** [13 rue Poncelet, 17$^e$], où la passion pour l'affinage se transmet de père en fils. **La Maison Pou** (B) [16 avenue des Ternes, 17$^e$] est une institution fondée en 1830 où l'on peut acheter d'incroyables pâtés en croûte, feuilletés, foie gras. Tout près se trouve l'**église Saint-Ferdinand-des-Ternes** [27 rue d'Armaillé, 17$^e$] qui vaut le détour pour son style néo-byzantin.

## Le Crabe Marteau

**251** Bang! Bang! Bang! Kesako? C'est le bruit du maillet casse-crabe de votre voisin de table au restaurant **Le Crabe Marteau**. Vous l'observez décortiquer les pinces et les articulations du précieux crustacé pêché sur la côte bretonne et livré le matin même. Crabe dormeur, tourteau ou araignée de mer selon la saison : ce sont des spécialités de la maison. Le voisin se régale à s'en lécher les doigts, puis jette la carcasse dans la poubelle prévue à cet effet. Vous avalez une huître creuse parfaitement iodée. À votre tour de jouer du maillet. Vous hésitez. Petit bang timide... Raté. Vous recommencez avec plus de vigueur. BANG! Il y a des éclaboussures partout. Ahhhhh... Heureusement qu'il y a le grand bavoir, histoire de sauver la chemise et la petite robe noire! [16 rue des Acacias, 17ᵉ]

## Sur les traces du Chat Noir

**252** Le Chat Noir est la mascotte de Montmartre; partout sur la butte sont exposées les fameuses affiches du chat mythique. Le Chat Noir, l'un des cabarets les plus célèbres de Paris vers la fin du XIXᵉ siècle, a occupé différentes adresses dans Montmartre : la première était au 84 du boulevard Rochechouart [18ᵉ]; la deuxième, au 12 de la rue Laval (aujourd'hui la rue Victor Massé, 9ᵉ]); et la troisième, au **68 du boulevard de Clichy.** [8ᵉ] Pour la petite histoire, la légende raconte que le propriétaire du cabaret, Rodolphe Salis, a donné à son établissement le nom de Chat Noir en hommage aux miaulements d'un chat qu'il a entendus le soir où il est venu visiter le local abandonné. Du cabaret est né le journal *Le Chat Noir* dans lequel ont écrit notamment Guy de Maupassant et Victor Hugo, et où apparaissaient les fameuses illustrations de Théophile-Alexandre Steinlen que vous trouvez aujourd'hui partout dans Montmartre.

## L'Hôtel Gaston

**253** Tout au bout de la rue de Tocqueville, près des Batignolles, se trouve cet hôtel créatif qui a fait appel à **La Splendens Factory**, un collectif d'artistes, pour faire le design des parties communes. Vous verrez donc des dessins, des citations et des extraits de livres peints sur les portes et les murs. Les chambres sont modernes et originales, tout en restant très confortables. Bref, le parfait compromis pour une ambiance contemporaine, stylée, chic sans être trop guindée. On ne s'y ruinera pas. Ce n'est pas l'hôtel le plus central, certes, mais le quartier est calme, résidentiel et sûr. [51 boulevard Pereire, 17ᵉ]

## Les vignes de Montmartre

**254** À l'angle des rues des Saules et Saint-Vincent [18ᵉ] se trouve une plantation de vignes magnifiques, le **Clos Montmartre** (A). Le cru qui en est issu appartient à la ville. Si vous êtes à Paris le deuxième week-end d'octobre, ne manquez surtout pas la Fête des Vendanges de Montmartre ! Profitez aussi de l'occasion pour aller visiter le **Musée de Montmartre** [12 rue Cortot, 18ᵉ], dans une superbe demeure du XVIIᵉ siècle, dont une partie donne sur les vignes. C'est l'occasion de découvrir le Paris de Picasso, Renoir, Toulouse-Lautrec et des autres grands artistes qui ont vécu dans le quartier pour s'inspirer de l'esprit bohème et de la lumière unique des lieux.

254A

## La meilleure pizza

**255** Du bois en façade, un look d'antan. **Il Brigante**, pizzeria chaleureuse, sent bon l'Italie et le vrai. Ici, Salvatore Rototori, le propriétaire, et son comparse, Domenico, pétrissent l'authentique pâte sous vos yeux. Testez la Mortazza : fior di latte, ricotta di bufala, champignons, roquette, copeaux de grana padano, mortadelle à la truffe noire, et mangez à l'une des grandes tables conviviales, à l'intérieur, ou dans le couloir. Pour un instant, oubliez tout. Croquez. Souriez. C'est l'Italie à Paris. [14 rue du Ruisseau, 18e]

255

256

## Le bon thé bio

**256** Fils de diplomate, François Parent a vécu aux quatre coins du monde avant de développer une vraie passion pour le thé d'extrême qualité. Vous trouverez dans sa boutique **Bonthés & Bio** d'incroyables assemblages de thés bios élaborés en partenariat avec une équipe d'aromaticiens. Testez Un Thé à Tanger (un thé vert aromatisé à la fleur d'oranger), la Formule Magique (pamplemousse, fruit de la passion et vanille) ou leur thé signature, Bon Thé (pêches de vigne, fruits rouges et dattes). Le tout offert dans de petites boîtes peintes à la main par l'artiste Marie Gorlicki. Le cadeau idéal à glisser dans sa valise ! [98 rue Caulaincourt, 18e]

## L'avenue Junot

**257** L'arrière du Sacré-Cœur est, selon moi, la partie la plus intéressante de Montmartre. Loin de l'agitation très touristique de la place du Tertre, lieu de rencontre de nombreux artistes et portraitistes, la **place Dalida** (A) [18e] est l'une des plus pittoresques que je connaisse. Elle se situe à l'intersection de deux rues pavées, d'un escalier et d'un sentier caché. Empruntez ce petit passage sur la droite et marchez jusqu'à l'avenue Junot. Ici, brunchez chez **Marcel** [1 villa Léandre, 18e], archi-branché, très couru pour son ambiance moderne new-yorkaise et pour la jolie terrasse en été. Profitez de l'occasion pour aller voir les jolies maisons de la **villa Léandre**, l'une des plus belles de Paris. Plus tard, un cocktail à l'**Hôtel Particulier** s'impose [23 avenue Junot, pavillon D, 18e], un hôtel chic qui possède un très beau jardin caché. En haut de l'avenue Junot se trouvent aussi **Ciné 13 Théâtre** [no 1], une microsalle de 120 places entièrement décorée dans le style des années 1920, et le mythique **Moulin de la Galette** (B) [no 3], autrefois cabaret populaire et aujourd'hui fermé au public. Presque inconnue des touristes, la rue Norvins prolonge l'avenue Junot et débouche sur la célèbre place du Tertre.

## Le café de l'espoir

**258** Ce bistro hipster sert du 100 % bio dans un décor rempli de skateboards et de légumes frais. Au **Hope Café**, la carte est étonnamment variée. Du végétarien, de l'asiatique, des plats parfumés allant des traditionnels burgers au Tigre qui pleure (bœuf en lamelles, marinade thaïlandaise, coriandre). « Nous avons fait une carte que nous aurions aimé avoir quand nous sortons dans un restaurant », explique le propriétaire des lieux. En outre, les plats végétariens et vegans sont identifiés par des points verts. [64 rue Lamarck, 18ᵉ]

## L'escalier le plus vertigineux

**259** Montmartre est rempli d'escaliers escarpés qui font partie du paysage. C'est le secret minceur des Parisiens, car il faut un sacré cardio pour les escalader tous les jours ! Mon favori est situé au **square Caulaincourt** [63-65 rue Caulaincourt, 18ᵉ]. Avec ses 122 marches, c'est l'un des plus raides. En haut des escaliers se trouve une auberge de jeunesse, le **Caulaincourt Square Hostel** [2 square Caulaincourt, 18ᵉ], pour voyageurs à petit budget.

259

## Le bar allemand

# 260

Bienvenue chez **Kiez** (prononcez «Kiiitz»), le premier *biergarten* de Paris. *Biergarten*? Un mot allemand qui signifie «brasserie en plein air». Dans ce lieu unique à Paris, vous pourrez déguster tous les produits allemands dans une ambiance complètement *deutsch*. La fameuse Curry wurst de Berlin, le Hamburger de Hambourg, les Nürnberger de Bavière, les Späzle de Souabe, ou les fameuses Wiener Schnitzel... Un vrai voyage et une belle découverte. [24 rue Vauvenargues, 18e]

## Le *hot spot* underground

# 261

De l'autre côté de Montmartre, près des puces de Saint-Ouen, se trouve **CO**, un lieu atypique et inusité dans un quartier où, *a priori*, vous n'iriez pas, et encore moins le soir. Établi dans une rue résidentielle, CO brise tous les codes et s'installe là où il ne faut pas. Amateurs de trouvailles underground, vous apprécierez le cadre éclectique où se côtoient en parfaite désharmonie un piano, des bougies, des toiles de Blanche-Neige et un cadre de la Vierge Marie. Savourez un cocktail signature au bar (CO Brasil) et mangez ensuite un fish & chips dans la grande salle dont le décor chiné aux puces prend des airs de bric-à-brac. Déposez votre pourboire dans le chapeau en paillettes ou dans le cochon prévu à cet effet. Parce que «*tiper*, c'est sexy!», comme on dit à la maison. [15 rue Esclangon, 18e]

## La REcyclerie

**262** Moderne, innovante, dans l'air du temps, **La REcyclerie** est située dans une ancienne gare ferroviaire aujourd'hui transformée en espace de vie axé sur le développement durable et l'écologie. Dans l'immense café-cantine sous plafond cathédrale, savourez un menu responsable 100 % « local » et souvent végétarien, ainsi que d'excellents cocktails. Visitez la ferme urbaine, ses poules, son jardin, ses ruches, son système d'aquaponie et son potager collectif. Mieux : tous les dimanches, de 12 h à 18 h, le lieu se transforme en brocante éphémère où les Parisiens viennent échanger, troquer, vendre ou vider leurs placards. Le tout est à deux pas des puces de la Porte de Clignancourt, si vous souhaitez combiner deux activités ! [83 boulevard Ornano, 18e]

## L'Italien sympathique

**263** Après avoir grimpé les innombrables marches de la butte Montmartre, quoi de mieux qu'un authentique resto italien plein de charme, loin du quartier touristique ? **Pulcinella** est chaleureux, convivial, pas trop guindé, tout en bois, avec une grande fresque italienne pour nous mettre dans l'esprit *dolce vita*. Dégustez à prix tout doux salade caprese, jambon, artichauts, parmesan et linguini crème de truffe tresalola avec un vin rouge de Toscane. Exquis. [17 rue Damrémont, 18e]

## L'asiatique des stars

**264** Le **Sourire de Saigon** est une adresse fréquentée par les gens du spectacle. Offrez-vous un véritable voyage au Vietnam où les hôtesses portent des vêtements traditionnels. J'adore l'ambiance chaleureuse au décor rempli de bouddhas et de lanternes colorées. C'est un petit repaire romantico-bourgeois où l'on propose une excellente carte asiatique parfumée au lait de coco, cari, basilic et à la citronnelle... Aussi, très belle sélection de plats végétariens. [54 rue du Mont Cenis, 18e]

263

265

## Le repaire perché

**265** Tout en haut de la rue Lamarck, au pied du Sacré-Cœur, se trouve **Les Perchés du Chai** tenu par Fred, un Canadien, et son associé, Cyrille, qui ont réalisé ce projet en hommage à l'ancien occupant du local, un restaurateur chinois chez qui ils allaient souvent. Ouvert uniquement en soirée, le restaurant propose des tapas cuisinées maison et à base de produits frais, de même qu'une belle sélection de vins de petits producteurs bien choisis. L'ambiance est conviviale, authentique, chaleureuse. Testez leur spécialité : les miniburgers au bœuf wagyu ! [6 rue Lamarck, 18ᵉ]

## Le barista des Abbesses

**266** Envie de boire un café végétal au nez un peu terreux ou très chocolaté ? Choisissez votre acidité en bouche chez **Cuillier**, torréfacteur réputé du faubourg Saint-Honoré qui possède certains des meilleurs crus et assemblages de la ville. Ici, la devise est : « De l'arbre à la tasse, nous travaillons avec les meilleurs cafés du monde. » En plus de sa nouvelle adresse aux Abbesses [19 rue Yvonne le Tac, 18ᵉ], Cuillier a élu domicile aux Galeries Lafayette [35 boulevard Haussmann, 9ᵉ] et dans Saint-Germain-des-Prés [68 rue de Grenelle, 7ᵉ].

268A

## La station de métro la plus profonde

**267** Descendez au métro Abbesses et grimpez les interminables escaliers en colimaçon. Vous aurez l'impression de ne jamais en sortir, et cela vous donnera le sourire! C'est la station la plus profonde de Paris (36 m sous le niveau du sol). Vous émergerez à la **place des Abbesses** [18ᵉ], l'une de mes favorites, qui vous plongera tout de suite dans l'ambiance village de Montmartre. À partir d'ici, montez au Sacré-Cœur par la rue Lepic ou installez-vous sur une terrasse de la place. Montmartre vous appartient!

## La rue Lepic

**268** La **rue Lepic** est sûrement la plus connue de Montmartre et la plus touristique grâce au film *Le Fabuleux Destin d'Amélie Poulain* et au **Café des 2 Moulins** [15 rue Lepic, 18ᵉ] où furent tournées plusieurs scènes avec Audrey Tautou. La partie entre le boulevard de Clichy et la rue des Abbesses est constituée de petits commerces d'alimentation, chocolateries, boulangeries, fleuristes, dans une ambiance de petit village escarpé. La plupart des restaurants, bars et cafés sont très touristiques. Pour un brunch, allez au **Pain Quotidien** [nᵒ 31], à l'intersection de la rue des Abbesses. Montez la rue Lepic et testez aussi le Croq'Homard du **Jeanne B** (A) [nᵒ 61]. À deux pas de la rue Lepic, on trouve une autre adresse très sympathique, au bon rapport qualité-prix pour les brunchs: **Le Café qui Parle** [24 rue Caulaincourt, 18ᵉ]. Très belle terrasse.

# Le plus beau panorama

**269** La vue depuis les **escaliers du Sacré-Cœur** [18e], tout en haut du square Louise Michel, est absolument sublime. Vous y trouverez une belle ambiance, des musiciens, des amoureux, le plus beau monument de Paris en arrière-plan sur vos photos-souvenirs, et des télescopes géants. C'est la seule véritable vue panoramique en hauteur de la ville. Empruntez la rue Saint-Éleuthère jusqu'au square Nadar. Vous aurez un très joli point de vue sur la tour Eiffel et l'un des plus beaux couchers de soleil sur les toits de Paris.

269

## La brocante chic

**270** C'est parce que les propriétaires étaient tous deux passionnés de brocante qu'ils ont créé **Rose Bunker**, ce *concept-store* qui recèle de petites merveilles vintage chinées un peu partout. De la déco et des objets insolites, où l'esprit du recyclage est à l'honneur pour réinventer son intérieur, dans un esprit brocante chic ! [10 rue Aristide Bruant, 18ᵉ]

## Le *rooftop*

**271** Sur les hauteurs de Montmartre, le **Terrass' Hôtel**, une adresse d'artistes depuis 1911, a terminé ses rénovations en 2015. Depuis, le lieu est une adresse branchée pour les voyageurs tout comme pour les Parisiens. Montez au septième étage pour accéder au restaurant qui offre l'une des plus belles vues sur les toits de Paris et de la tour Eiffel. En été, la terrasse se transforme en un merveilleux *rooftop* d'où l'on a une vue à 180 degrés sur les plus beaux monuments de Paris, dont les Invalides et le Grand Palais. L'hôtel 4 étoiles compte 85 chambres et 7 suites. [12-14 rue Joseph de Maistre, 18ᵉ]

## La Halle Saint Pierre

**272** Au pied de la butte Montmartre, cette galerie d'art insolite est logée dans un ancien marché. C'est un véritable temple de la créativité «non conformiste» où se pressent les artistes contemporains émergents. La hauteur sous plafond est incroyable et le lieu est baigné de lumière grâce aux grandes verrières. On y fait à la fois salon de thé, librairie et salle d'expo. Bref, de quoi oublier le temps et flâner une partie de la journée. [2 rue Ronsard, 18e]

## Le mur des je t'aime

**273** Parce que Paris demeure la ville la plus romantique du monde, faites un détour pour admirer ce mur qui compte 311 «Je t'aime» écrits en 280 langues. Cette œuvre, imaginée par Frédéric Baron et Claire Kito, est un monument dédié à l'amour. Elle se trouve dans un joli square où il y a bien sûr des bancs pour les amoureux. Parce qu'on ne connaît jamais assez de façons de dire «Je t'aime». [Square Jehan Rictus, 18e]

Les 19e et 20e arrondissements

# BELLEVILLE et le VILLAGE JOURDAIN

Manger sur la terrasse du Moncœur Belleville, chiner dans les meilleures brocantes de Gambetta, se balader sur les berges du canal de l'Ourcq, s'imprégner de l'ambiance cosmopolite du marché de Belleville, se prélasser au parc des Buttes-Chaumont, explorer le village Jourdain et ressentir l'énergie du Paris de demain.

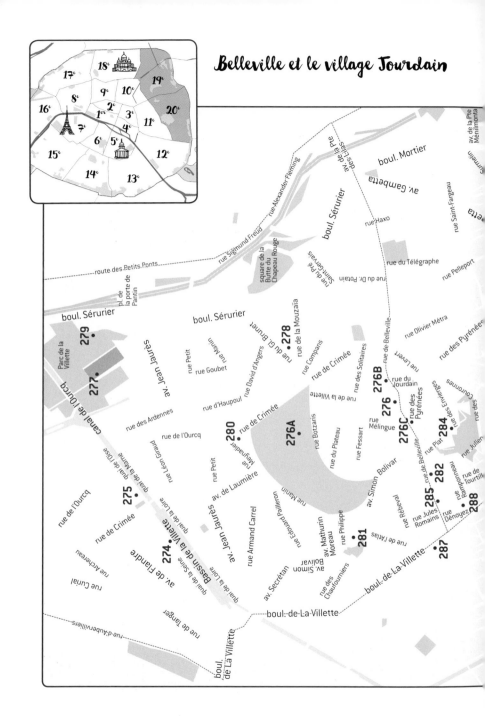

# Belleville et le village Jourdain

17ᵉ  18ᵉ  19ᵉ  9ᵉ  10ᵉ  20ᵉ  16ᵉ  8ᵉ  2ᵉ  3ᵉ  11ᵉ  1ᵉʳ  4ᵉ  7ᵉ  6ᵉ  5ᵉ  12ᵉ  15ᵉ  14ᵉ  13ᵉ

# Les berges du canal de l'Ourcq

**274** Flâner, profiter du soleil, prendre l'apéro au fil de l'eau. Loin des quartiers chics et touristiques, le canal de l'Ourcq, dans le 19e arrondissement, prolongement du bassin de la Villette, est l'un de mes endroits favoris pour me ressourcer au cœur de la ville. Sortez à la station Stalingrad (lignes 2, 5 et 7) ou Jaurès (lignes 2, 5 et 7 bis). Entre les deux stations de métro, **La Rotonde** [6-8 place de la Bataille de Stalingrad, 19e] est un monument emblématique du paysage urbain, conçu par Claude-Nicolas Ledoux. Le lieu fait office de restaurant et possède une très grande terrasse. Remontez ensuite le bassin de la Villette. La plus belle maison est le **Pavillon des Canaux** [39 quai de la Loire, 19e]. Elle ressemble à un hôtel particulier et possède l'une des plus belles terrasses du canal ainsi qu'un espace de *co-working* pour les *freelances*. Plus loin, le **Bar Ourcq** [68 quai de la Loire, 19e] est le QG des joueurs de pétanque du quartier. Vous pouvez même louer des boules pour jouer sur le terrain juste en face. Si vous êtes à Paris en été, sachez que, chaque année, le canal de l'Ourcq accueille le FestiWall consacré au *street art* et aux artistes urbains émergents qui ont pris d'assaut le quartier. Les visiteurs peuvent ainsi admirer les œuvres le long d'un parcours artistique au fil de l'eau. Plusieurs activités sont proposées, dont de petites croisières. On peut aussi louer de petits bateaux électriques chez **Marin d'eau douce** [37 quai de la Seine, 19e]. Pour vous ancrer dans le quartier, la **Péniche Antipode** [55 quai de la Seine, 19e] est un restaurant flottant très bohème où l'on peut boire l'apéro et voir de super spectacles. Tout au bout du bassin, se trouve le pont levant de la rue de Crimée. Poursuivez la balade encore plus loin, le canal de l'Ourcq vous réserve plusieurs surprises et devient un magnifique cours d'eau bucolique en pleine nature.
Il compte 30 km de piste cyclable.
Un vrai bonheur !

# Levalet
## Le roi du street art illusionniste

➤➤ ⦵ ⦅⦅

**275** À 28 ans, Charles Levalet est un virtuose de l'art urbain. C'est en me baladant dans la ville, à la recherche d'adresses, de lieux et d'énergies nouvelles, que ses œuvres m'ont profondément m'interpellée. Né à la Guadeloupe, l'artiste a fait ses études en arts visuels à Strasbourg pour ensuite prendre d'assaut Paris en 2012. Depuis, il recouvre les murs de la ville de ses œuvres humoristiques, mais empreintes d'un sens profond. Loin des graffitis, ses collages éphémères sont réalisés à l'encre de Chine et représentent des personnages de taille humaine dans des scènes qui dénoncent généralement les absurdités de la société. « J'essaie de faire passer, à travers des mises en scène, des idées qui ne sont pas complètement arrêtées, et ça dépend du contexte. Ce n'est jamais le même message. Par exemple, sur le quai de Jemmapes, j'ai fait une œuvre dans le cadre d'une interview où TF1 était venue me filmer pour un journal télé. J'ai mis en scène une allégorie en pied de nez au monde de la télé avec un personnage présentateur diabolique, et, derrière, des personnages guignolesques », explique l'artiste.

Ses visions pleines d'esprit sont imaginées à partir d'un lieu précis. « Je fais une étape de repérage, je prends des mesures et des photos, puis je réfléchis à un concept. Les dessins sont préparés à l'atelier et je reviens sur place pour les installer », explique-t-il. « Je mets environ trois ou quatre jours pour créer une œuvre. Le temps de penser l'idée, de la mettre en scène et de la coller. J'aime aller coller le matin et exploiter des heures où il n'y a pas grand-monde dans les rues, mais où c'est assez vivant. Je ne retourne pas sur les lieux après pour voir ce qu'est devenue mon œuvre. Chaque dessin est unique et existe pour un temps dans la rue. Après, ça n'existe plus. »

Si Levalet avoue avoir collé une centaine d'œuvres, il n'en reste pas plus d'une dizaine. « La Ville les nettoie parfois, ou les gens les détériorent, ou c'est la météo. » Dans une ville comme Paris, où chaque lieu est préservé ou classé monument historique, comment faire perdurer l'art éphémère de rue ? Et puis, pour commencer, le *street art* est-il légal ? « Je n'ai jamais eu de problème avec la loi. Je fais du collage, ça se retire assez facilement et ça ne dégrade pas l'architecture. C'est assez populaire dans la ville, et de plus en plus légitime, si bien que certaines mairies me demandent de faire des œuvres dans différents quartiers, notamment sur le canal de l'Ourcq, dans

le 19e, ou lors d'une foire d'art urbain au Carreau du Temple, dans le 3e. »

Ses lieux de prédilection pour ses créations ? « J'aime les quartiers très historiques, comme les quais près de Notre-Dame, car il y a plein de choses à faire avec les reliques de l'histoire, et aussi des quartiers beaucoup plus *destroy*, comme le 19e ou le 20e, où il y a plein de choses à voir, mais dans un autre registre. J'ai fait pas mal de choses dans le 11e, aussi. Ce sont des endroits plus libres où je me sens bien. J'essaie de trouver des lieux neutres, qui ne sont pas déjà colonisés par les autres artistes, et j'évite certains arrondissements. Je n'irai jamais rien faire dans le 16e, le 18e, le 6e, les quartiers super aseptisés de Paris. » Un rêve, un lieu inaccessible ? « Si un jour j'avais le temps, j'aimerais travailler sur des projets de plus grande ampleur, sur un quai, sur une longueur de 200 m. Mais disons qu'il n'y a pas de lieux inaccessibles qui me font rêver. Je n'ai pas envie de faire un truc sur la pyramide du Louvre ou sur la tour Eiffel ! » Après avoir vécu dans le 13e, l'artiste habite maintenant dans le 19e. « C'est un arrondissement où il y a beaucoup d'endroits moches, sans intérêt, mais il y a des petits coins très agréables. »

276B

# Le haut Belleville et les Buttes Chaumont

**276** À partir de la rue de Belleville, montez la rue de la Villette, entre les stations de métro Jourdain et Pyrénées. Cette rue est en plein essor. Vous y trouverez de très jolies boutiques, comme **Pollen** [7 rue de la Villette,19ᵉ] qui propose une super sélection de petites robes, bijoux et accessoires. Juste en face, **Résine** [nº 6] est son acolyte masculin. Tout au bout se trouve l'immense **parc des Buttes-Chaumont** (A), très naturel, qui possède un joli pont suspendu et une vue en hauteur sur Paris [1 rue Botzaris, 19ᵉ]. La guinguette **Rosa Bonheur** [2 avenue de la Cascade dans le parc des Buttes-Chaumont,19ᵉ] est située au sommet des Buttes. C'est un haut lieu de rendez-vous dès les premiers jours d'été, et un très bel endroit pour prendre l'apéro ! Profitez de cette balade par découvrir l'ambiance authentique du village Jourdain dont l'épicentre se trouve à **l'église Saint-Jean-Baptiste de Belleville** (B) [134 rue de Belleville, 19ᵉ] et mangez chez **Il Posto** (C) [356 rue des Pyrénées,19ᵉ], un excellent italien ambiance loft industriel, avec une jolie terrasse, ou encore dans un petit vietnamien à tomber **Bonjour Vietnam** [6 rue Jean-Baptiste Dumay,19ᵉ].

276B 276C

278

## La Petite Halle

**277** Tout près du canal de l'Ourcq et de la Philharmonie, il y a un vaste espace très moderne, aux allures de loft. Ici, mangez une pizza sur feu de bois, sous une immense verrière baignée de lumière, dans un décor urbain new-yorkais. En été, dans le jardin, on propose des cocktails, des pizzas barbecue et des chaises longues sur une très belle pelouse. **La Petite Halle** programme régulièrement des concerts de musique jazz ou électronique. On y accède depuis le métro Porte de Pantin. Longez la Grande halle par la galerie de la Villette, jusqu'au pavillon Paul Delouvrier. Un peu plus loin se trouve la librairie du Parc et quelques manèges pour les enfants. [Parc de la Villette, 211 avenue Jean Jaurès, 19e]

## Les villas de la Mouzaïa

**278** Coup de cœur ! Ce n'est pas une attraction touristique en soit, mais un lieu unique à Paris si vous souhaitez faire une balade qui sort de l'ordinaire. Les villas parisiennes sont constituées de petites allées piétonnes aux jolies maisons bordées de fleurs et de jardins, ambiance campagne qui détonne avec le reste de Paris. Elles étaient habitées par la classe ouvrière à la fin du XIXe siècle. Aujourd'hui, les gens payent cher pour vivre dans ces villas ! Ce quartier minuscule, **la Mouzaïa**, compte une dizaine de villas (villa des Lilas, villa Félix Faure, villa du Progrès, etc.). [Autour de la rue de Mouzaïa, métro Botzaris, 19e]

281 282

## Un concert à la Philharmonie

**279** Si vous aimez la musique classique, baroque, jazz, je vous conseille vivement une soirée à la Philharmonie. Cette salle absolument incroyable a coûté plus de 386 millions d'euros et a été inaugurée en janvier 2015 sous la direction de l'architecte Jean Nouvel. L'acoustique est fantastique et les places sont à prix abordable. En plus des salles de spectacle, le site comprend le Musée de la musique qui expose des instruments mythiques, comme un piano de Chopin ou une guitare de Brassens. Un incontournable pour les mélomanes ! [221 avenue Jean Jaurès, 19ᵉ]

## La butte secrète

**281** La **butte Bergeyre** est un microquartier où règne une ambiance de village hors du temps. C'est la campagne à Paris, et très peu de gens connaissent cet endroit éloigné du tumulte. Montez tout en haut de la colline, dans le jardin de la Butte, où vous aurez une superbe vue sur la butte Montmartre et le Sacré-Cœur, surtout au coucher du soleil ! Ici se trouve aussi un vignoble minuscule, petit trésor de la capitale, le Clos des Chaufourniers, non accessible au public, qui produit environ 65 litres de vin par an. Profitez de l'occasion pour visiter le village Bergeyre, ses rues pavées et son charme pittoresque. [76 rue Georges Lardennois, 19ᵉ]

## Le plus vieux four à pain

**280** Si vous êtes au pied des Buttes-Chaumont et que vous avez un petit creux, allez à la **boulangerie Mauclerc** dont la façade est classée monument historique. Le lieu, qui date des années 1920, est célèbre, car il s'agit de l'une des dernières boulangeries où le pain est cuit dans un four à bois (de 1904). Ici, tout est traditionnel et fait de façon artisanale. Les viennoiseries sont « pur beurre » et les pains sont vendus au poids. Attention ! Pas de baguette, mais une super sélection de pains bios. Testez le Mikagui à la farine de châtaigne et à la nougatine. [83 rue de Crimée, 19ᵉ]

## Boire du Belleville

**282** La Brûlerie Belleville distribue son café fraîchement torréfié dans les *coffee shops* les plus cool de la ville. Pour tester leur café au cœur du 20ᵉ, direction **Cream**, un endroit sans prétention à la super ambiance décontractée. On y savoure un excellent café « artisanal » avec les bobos bellevillois. [50 rue de Belleville, 20ᵉ]

# Brice et Régis

➤➤ ⸭ ⸕ ⭠⭠

**283** « **Les jumeaux DJ électro** de Abby double.» Tous les jours, Brice et Régis s'habillent de la même façon, dans un style «achromatique» doublement irrésistible. «Nous choisissons nos tenues par un consensus ou suffrage matinal (rires). Que du noir, avec de rares touches de blanc.» Leur créneau? La musique électronique. «Notre activité est plastique et musicale. Nous sommes DJ et nous gérons aussi l'installation de vidéos lors de lancements et d'inaugurations dans les industries du luxe, de la mode et du cinéma.» Vous les croiserez peut-être à Paris, dans un événement, ou en *front row* d'un défilé de mode.

Par leur énergie créative, ils font vibrer la scène parisienne. «Paris s'éveille d'une longue léthargie, mais demeure vivante et toujours insolente. On observe ici un vrai dynamisme, avec une appropriation élargie de l'espace urbain, que ce soit sur les quais, dans les jardins, sur les toits, etc. On ne compte plus les lieux de culture et de divertissement qui fleurissent dans la capitale.» C'est d'ailleurs dans le 19e arrondissement, quartier émergent pris d'assaut par les artistes contemporains, que le duo de créatifs a décidé d'installer son atelier. «Le 19e est en pleine mutation avec la Philharmonie (voir raison n° 279) et le développement du grand Paris. La ville de Pantin, qui jouxte le 19e, est devenue un lieu pour la création grâce à l'installation de galeries d'art de renom, telle **Thaddaeus Ropac** [69 avenue du Général Leclerc, Pantin], où l'on peut admirer l'art contemporain dans un écrin minimaliste. Ce n'est pas un hasard si nous avons installé notre atelier d'artiste et notre studio de musique dans ce quartier en plein boom.» Leurs adresses favorites? **The Asado Club** [11 rue Marie et Louise, 10e], au bord du canal Saint-Martin, pour la cuisine argentine déclinée sous forme d'empanadas et de barbecue. **Le Comptoir Général** [80 quai de Jemmapes, 10e], lieu atypique au décor qui met l'Afrique à l'honneur, dans un esprit cabinet de curiosités. Et le **Nüba** [36 quai d'Austerlitz, 13e], un *rooftop* avec une superbe vue panoramique, juché sur le toit de la Cité de la Mode.

## Les perles de la rue Piat

**284** Dans le haut Belleville, tout au bout de la rue Piat, on trouve un très charmant café du nom de **Moncœur Belleville** (A), qui donne sur une esplanade. Vous êtes au sommet du parc de Belleville, et le point de vue sur tout Paris est magnifique. Posez-vous sur la terrasse, l'une des plus jolies de la ville, peu connue des Parisiens, car le coin est plutôt excentré. Tous les samedis, de 11h à 14h30, Arnaud et Hector montent un banc éphémère d'huîtres de Vendée à 1 euro la pièce, à manger sur place ou à emporter. Savourez ce festin iodé avec un sancerre bien frais. Tout est parfait. [1 rue des Envierges, 20ᵉ]

## L'épicerie du bas Belleville

**285** Tous les bobos de Belleville adorent Cécile Boussarie, la proprio de **Fine l'épicerie**, qui propose une grande sélection de produits raffinés issus de producteurs locaux et de vignerons. Du miel breton de bruyère, les produits de l'escargotière Bonvalot, les confitures Les Saisons de Rosalie, une confiture de brugnons blancs au basilic, du poivre de Penja, etc. Le midi, on peut manger sur place des sandwiches, une salade du jour ou un gâteau maison. [30 rue de Belleville, 20ᵉ]

## Le quartier Saint-Blaise

**286** J'adore le quartier Saint-Blaise, délimité par le boulevard Davout et par les rues des Pyrénées, d'Avron et Vitruve. J'aime ses terrasses fleuries, ses jardins et son atmosphère à la fois rebelle et authentique. Profitez de l'occasion pour visiter la place Édith Piaf [22 rue de la Py, 20e], puis les recoins fleuris, perchés en hauteur, de ce quartier aussi appelé «village de Charonne». Ses ruelles pavées ont été préservées de l'urbanisation et le lieu conserve son vrai côté campagne avec ses maisons couvertes de vignes. Mangez et dormez au **Mama Shelter** (A) [109 rue de Bagnolet, 20e] dont les 172 chambres ont été décorées par Philippe Starck. L'hôtel moderne, jeune, branché, calme et abordable est établi au bord de la Petite Ceinture, ancienne ligne de chemin de fer emblématique du Vieux-Paris, et juste en face de **La Flèche d'Or** [102 bis rue de Bagnolet, 20e], temple de la scène pop-rock européenne. Le restaurant vaut le détour notamment pour sa cuisine signée Guy Savoy; et l'incroyable *rooftop* est magique, l'été, avec ses hamacs et tables de ping-pong!

286 A

286

286

## Les meilleurs raviolis

**287** Madame Yuying, la reine du ravioli chinois, officie au restaurant **Raviolis chinois Nord-Est**. Dans cette micro-adresse bien connue des gens du quartier, adulée des blogueuses et des amateurs de raviolis, l'art de ce mets est à son apogée. Commandez vos raviolis vapeur ou grillés (farcis au porc, aux crevettes ou aux légumes), puis attendez en sirotant une bière chinoise. Tout est fait maison et les prix sont vraiment imbattables. Cinq euros pour 10 raviolis ! [11 rue Civiale, 20$^e$]

## Le marché cosmopolite

**288** Tous les mardis et vendredis matin, les camions arrivent dès l'aube avec leurs cageots de pêches, d'abricots, de melons, mais aussi des fromages et bien plus ! Au **marché de Belleville**, le plus cosmopolite de tout Paris, se pressent les fidèles, les gens du quartier et les restaurateurs, tous à la recherche du produit le plus frais possible et le moins cher. Un savoureux bain de mixité sociale. [Terre-plein du boulevard de Belleville, métro Couronnes (ligne 2), 20$^e$]

## Le grossiste en panamas

**289** Les Parisiens raffolent des chapeaux qui ajoutent style et personnalité à n'importe quelle tenue lors d'un apéro, au Café Charlot ou dans les soirées archi-branchées des Jardins de Bagatelle. Même Diane Kruger en porte un à Roland-Garros, sous une chaleur de plomb. Avec des verres fumés. Les cheveux en bataille. Sur le côté. C'est un code inscrit dans les gènes des Parisiens. On l'achète bien sûr pour se balader dans Paris, mais aussi pour les week-ends festifs hors de la capitale : Ibiza, Saint-Tropez, l'île de Ré ! Les plus chics vont l'acheter au Bon Marché ; les plus futés vont dans le 20ᵉ arrondissement. Là où personne ne va. À cette adresse d'initiés : **Ecua-Andino Hats**. Des panamas *tutti i colori*. Des traditionnels, des colorés, des vitaminés, des artistiques, des Montecristi *extra fino* à prix d'ami, puisqu'il s'agit du fournisseur des grands magasins. Venez en début de saison pour un maximum de choix ! [14 rue Saint-Blaise, 20ᵉ]

## Les brocantes de Gambetta

**290** Des sacs de marques, des chaussures de créateurs, de vieux cadres d'époque, des chandeliers tout droit sortis du grenier de grand-maman… Pour faire de vraies trouvailles et de réelles affaires, le vide-grenier du quartier Gambetta est mon préféré. C'est d'ailleurs ici que viennent chiner les brocantes de luxe des beaux quartiers pour revendre les pépites à prix plus élevés. Loin des quartiers bobos ou branchés, vous y trouverez de vraies perles, si, bien sûr, vous prenez le temps de fouiller ! Les brocantes se tiennent souvent au mois de mai. Surveillez les dates si vous êtes à Paris, c'est un incontournable ! Sortez au métro Gambetta et arpentez ce haut lieu de l'arrondissement. [Place Gambetta, 20ᵉ]

291

## Un couscous à L'abribus

**291** À l'angle des rues de Fontarabie et de la Réunion se trouve **L'abribus Café**, le QG des gens du quartier. On y mange un excellent couscous, et c'est ici que Robert Redford vient casser la croûte, loin des regards, lors de ses passages à Paris. On adore le décor vintage éclectique, le fond de musique folk, Van Morrison, Bill Withers, et les prix tout doux du menu à moins de 10 euros. Rarissime ! [56 rue de Bagnolet, 20ᵉ]

## La place Martin Nadaud

**292** La place Martin Nadaud est un petit espace triangulaire à l'angle de l'avenue Gambetta et de la rue de la Bidassoa, juste hors les murs du cimetière du Père Lachaise. Installez-vous sur la terrasse très ensoleillée du café **Les Foudres**. Devant vous se profilent deux jolies rues pavées aux airs de campagne, et vous êtes à quelques pas du cimetière. Une jolie balade s'impose, évidemment. Au Père Lachaise se trouvent les tombes de Marcel Proust, Jim Morrison, Oscar Wilde, Molière... Respect ! Amen. [4 place Martin Nadaud, 20ᵉ]

290

Escapades

# PARIS CAMPAGNE

Explorer le parc floral et l'ambiance médiévale
de Vincennes, se balader dans un château privé de
la Renaissance, dormir dans une abbaye du
XIIe siècle, partir sur les traces de Chateaubriand,
faire du canot sur le canal des Amoureux,
manger avec les collectionneurs des Puces de
Saint-Ouen.

# Paris Campagne

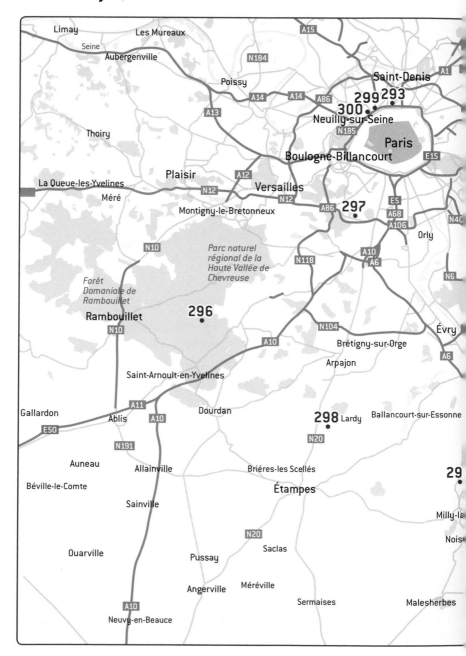

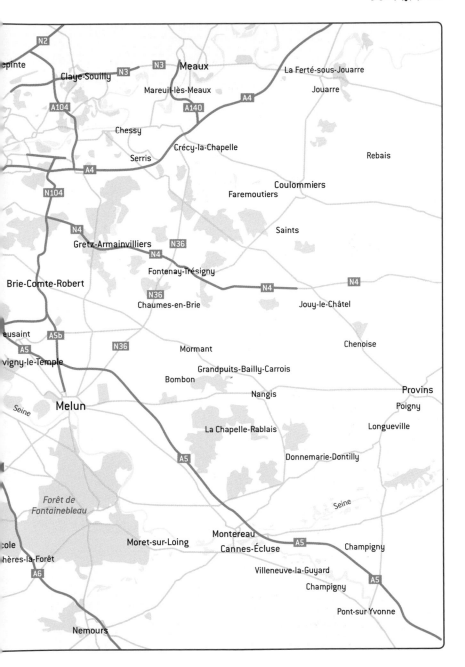

293A

# Les puces de Saint-Ouen

**293** Amoureux d'art et de raretés vintage, fins collectionneurs d'antiquités ou chineurs de curiosités, ne manquez surtout pas **les puces de Saint-Ouen** [142 rue des Rosiers, Saint-Ouen], l'un des marchés d'art et d'antiquités les plus connus dans le monde. Depuis quelques années, les puces se sont réinventées et le métier de « pucier » est de plus en plus branché. Les stands se modernisent et l'art contemporain se taille une place de choix aux côtés des antiquaires historiques. La faune rajeunit et la gastronomie séduit les fins gourmets. Prévoyez une journée complète pour vous imprégner de l'ambiance unique des lieux. Parmi les incontournables, citons le restaurant **Ma Cocotte** (A) [106 rue des Rosiers, Saint-Ouen], dessiné par Philippe Starck comme « une maison plutôt qu'une cantine ». C'est le plus design et le plus couru des restaurants, particulièrement pour le brunch du dimanche. En plein cœur des puces se trouve **Sonnenkönig** [77 rue des Rosiers, Saint-Ouen], une terrasse festive estivale où l'on déguste des burgers maison, saucisses et bières artisanales sur fond de musique DJ. Fondé par trois galeristes passionnés, **untilthen** [77 rue des Rosiers, Saint-Ouen] est un haut lieu de l'art contemporain et d'artistes émergents. Si vous aimez le jazz, arrêt obligatoire à La chope des puces [122 rue des Rosiers, Saint-Ouen], temple du jazz manouche, sans oublier le **MOB**, un hôtel de 350 chambres (ouverture en août 2016) qui propose un cinéma en plein air, de la méditation et un restaurant végétarien et bio pour ravir les amateurs de l'hôtellerie éco-responsable. Pour s'y rendre, prenez la ligne 4 du métro et sortez à la station Porte de Clignancourt.

293

294

## Le Paris médiéval de Vincennes

**294** Tout au bout de la ligne 1 du métro, à la station Château Àde Vincennes, se trouve un trésor de l'architecture médiévale. Le **château de Vincennes** [avenue de Paris, Vincennes] fut l'une des demeures de la monarchie française jusqu'en 1682, date à laquelle Louis XIV lui préféra Versailles. Profitez de la visite pour admirer les verrières de la **Sainte-Chapelle**, construite en 1379, et explorez les remparts, les douves, le donjon... Les jardins qui entourent le château comportent des bassins d'eau, de fleurs, de bonsaïs et de plantes médicinales. Il y a aussi un très joli jardin de senteurs. Vincennes est également une très jolie communauté qui possède une authentique ambiance village. Visitez l'**église Saint-Louis** [23 rue Céline Robert, Vincennes] pour son architecture d'inspiration byzantine et faites une balade dans la **rue du Midi**, la plus commerçante. Tout près de la mairie et de son square de verdure se trouve la jolie terrasse du **Café de la Mairie** [1 rue du Midi, Vincennes]. L'endroit parfait pour vous imprégner de l'âme de Vincennes.

## Un château romantique encore habité

**295** À 47 km au sud-est de Paris, dans le Gâtinais français et le département de l'Essonne, se trouve le **château de Courances**, classé monument historique depuis 1983. Ce château privé de l'époque de la Renaissance a été occupé pendant la Seconde Guerre mondiale et servait à stoker les munitions des Allemands. Il fut ensuite abandonné pendant une dizaine d'années; un arbre a même poussé dans l'une des tours et traversé les étages! Il est aujourd'hui habité par la famille de Ganay. Le lieu est gigantesque et l'on ne peut visiter que la moitié (le château est d'ailleurs fermé en juillet et août pour raisons familiales). Avec ses 14 sources d'eau, ses allées bordées d'arbres, l'harmonie du végétal et de la pierre, ses douves et petits canaux, le parc est d'une beauté absolue et considéré comme l'un des plus beaux de France. Il est même labellisé «Jardin remarquable». Si vous êtes en voiture, prenez l'autoroute A6, sortie n°13 Milly-la-Forêt, puis suivez «Courances» (à 5 km). Le château n'est pas directement accessible en transports en commun, mais vous pouvez venir en RER, ligne D, et prendre un taxi à la gare de Boutigny pour un petit trajet de 14 km. [15 rue du Château, Courances]

# Dormir dans une abbaye du XIIᵉ siècle

**296** Si vous avez envie de vous ressourcer, voici une très belle abbaye située à 40 km de Paris. L'**abbaye des Vaux de Cernay** est un ancien monastère du XIIᵉ siècle. Le lieu, autrefois habité par des moines, est devenu un hôtel de luxe. Il est ouvert au public qui souhaite visiter, le temps d'une journée, les vestiges de l'ancienne abbaye et ses impressionnantes voûtes gothiques. Vous pourrez alors profiter de la quiétude du très bel étang où s'ébattent les oies et les bernaches. Vous pouvez aussi rester pour la nuit et réserver votre table pour un dîner gastronomique. Un lieu à la fois mystique, chic et très romantique. Il y a possibilité d'accéder à l'abbaye avec le Baladobus depuis les gares de Rambouillet et Saint-Rémy-lès-Chevreuse. [Route d'Auffargis, Cernay-la-Ville]

297

## Sur les traces de Chateaubriand

**297** Amoureux des mots, d'histoire et des lieux uniques, voici une belle visite qui vous plongera dans la vie de l'écrivain Châteaubriand qui vécut dans cette demeure de 1807 à 1818. **Le domaine de la Vallée-aux-Loups** est aujourd'hui protégé au titre des monuments historiques et fait office de musée. C'est ici que l'écrivain et homme politique a rédigé plusieurs de ses œuvres. La visite est fort intéressante et se fait rapidement. On peut ensuite se promener dans le superbe jardin aux arbres majestueux, qui abrite certaines essences rares. «Je les connais tous par leur nom, comme mes enfants. C'est ma famille, je n'en ai pas d'autre», écrivit Chateaubriand au sujet de ses arbres dans les *Mémoires d'outre-tombe*. Tout au long du sentier menant à la maison, des affiches portent des citations de l'auteur. On y trouve un joli petit café et une terrasse pour profiter des lieux. Le domaine est à seulement 30 minutes de Paris en voiture ou avec le RER (ligne B), station Robinson (terminus), puis l'itinéraire fléché est de 20 à 25 minutes à pied. [87 rue de Chateaubriand, Châtenay-Malabry]

## Canotage sur le canal des Amoureux

**298** Tous les dimanches de juin et juillet, vous pouvez assister à des concerts gratuits dans les jardins du merveilleux **Domaine de Chamarande**, un joyau méconnu et merveilleusement préservé. C'est le lieu idéal pour prendre un bol d'air frais à quelques kilomètres de Paris. Prévoyez un pique-nique et installez-vous sur l'immense pelouse qui s'étend au pied du château. C'est le plus important jardin public de l'Essonne (98 hectares), labellisé «Jardin remarquable». Vous pouvez combiner la visite avec une randonnée pédestre, car plusieurs sentiers se trouvent à proximité, ou faire du canotage sur le **canal des Amoureux** à partir du 28 mai, de 14 h à 19 h. On y trouve aussi des animaux, pour le grand bonheur des enfants. De plus, c'est gratuit et facile d'accès avec le RER C (station Chamarande) à 200 m. [38 rue du Commandant Maurice Arnoux, Chamarande]

## Manger sous un dinosaure à l'île de la Jatte

**299** À Neuilly, sur l'**île de la Jatte**, se trouve le **Café La Jatte** [60 boulevard Vital Bouhot, Neuilly-sur Seine), un restaurant historique où l'on mange sous un célèbre dinosaure une délicieuse cuisine italienne. Cette adresse mythique possède aussi une magnifique terrasse en été. Profitez de l'occasion pour vous balader dans les environs et pour explorer l'île, rendue célèbre par les peintres impressionnistes du XIXe siècle, dont Van Gogh et Monet. Halte suggérée : le restaurant **Le Petit Poucet** [4 rond-point Claude Monet, Levallois-Perret], au bord de l'eau. Promenez-vous dans la rue qui longe ce restaurant : on découvre les plus belles villas privées de Neuilly. En plein centre de l'île se cachent un joli jardin avec ses ruches, et, à l'autre extrémité de l'île, un superbe square romantique et une aire de pique-nique sur le front de Seine. Calme et merveilleusement paisible. Vous y observerez de nombreuses espèces d'oiseaux. Pour y accéder, prenez le métro (ligne 3) et sortez à la station Pont de Levallois, puis prenez l'escalier à partir du pont ou de la passerelle de la Jatte.

## L'âme de Neuilly

**300** Sur la ligne 1 du métro, sortez à Porte Maillot : vous voilà à proximité de l'Arc de Triomphe, mais de l'autre côté du périphérique, dans l'ambiance de petit village chic propre à Neuilly, élégant quartier familial. J'adore le **marché des Sablons** (A), ouvert toute l'année, mercredi et vendredi de 7 h 30 à 13 h 30, dimanche de 7 h 30 à 14 h, sur la place du Marché. Prenez un couscous marocain pour emporter et faites le plein d'épices et de produits frais. Tout autour il y a l'épicentre de Neuilly avec ses jolies petites boutiques de vêtements et d'accessoires. Les rues sont calmes et l'on s'y sent bien. Pour manger un très bon japonais sur une terrasse au calme, allez à l'**Orient Extrême** [2 place Parmentier, Neuilly-sur-Seine]. Vous y croiserez peut-être les membres de la famille Clarins dont les nouveaux bureaux sont juste à côté. Le fruitier **Michelis Primeurs** [21 rue Madeleine Michelis, Neuilly-sur-Seine] est l'un des meilleurs qui soient et ses produits sont toujours incroyablement savoureux. À deux pas, en face, se trouve **Fafa** [n° 26], un excellent traiteur asiatique à emporter. Pour faire comme les vrais habitants de Neuilly, allez manger chez **Livio** [6 rue de Longchamp, Neuilly-sur-Seine], un italien mythique fréquenté par la jeunesse dorée et de hauts dirigeants politiques. Le personnel a été fortement ébranlé par le décès des patrons, Pierre Innocenti et son cousin Stéphane Albertini, lors des attentats de Paris.

# Index

Les numéros de l'index renvoient à l'une des 300 raisons d'aimer Paris.

# Remerciements

Un grand merci à Marie-Joëlle Parent, qui m'a donné envie d'écrire ce livre à travers sa passion pour *300 raisons d'aimer New York*. Merci à toute l'équipe des Éditions de l'Homme de m'avoir permis de réaliser ce beau projet et de redécouvrir ma ville de cœur par la même occasion. Un merci particulier à mon éditrice, Liette Mercier, de m'avoir poussée à sortir de mon Paris doré et à explorer d'autres quartiers. Merci à Sylvain Trudel pour son professionnalisme hors pair. Merci à Gigi Mind, fidèle complice illustratrice qui m'a accompagnée dans l'aventure, du début à la fin, avec son talent inouï. Merci à Véronique André de m'avoir fait découvrir les plus grandes tables de Paris. Merci à Emmanuel Lisfranc pour les balades en scooter à l'autre bout de Paris. Merci, Alexis Vaillant. Merci, Guillaume Fin, pour les visites de châteaux et balades de rêve en dehors de Paris. Merci, Benjamin Laugel, pour ta générosité, ta bienveillance et ton soutien pendant les attentats.

Ce guide n'aurait pas été possible sans le soutien de ma famille et de tous mes copains parisiens qui m'ont fait découvrir la Ville Lumière et sa magie. Sans oublier les bons lattés du Café Larue & Fils de la rue Jarry, à Montréal, où j'ai écrit la plupart de ces raisons… avec le sourire !